城市道路交通组织设计系列手册

HANDBOOK OF
URBAN EXPRESSWAY TRAFFIC OPERATION
DESIGN

城市快速路交通组织设计手册

公安部交通管理科学研究所

编著

机械工业出版社
CHINA MACHINE PRESS

《城市快速路交通组织设计手册》总体划分为"基本概念篇""基本方法篇""综合应用篇"三个部分,着重从城市快速路交通时空资源的精细化组织方面,介绍改善通行安全、提高通行效率、缓解城市交通拥堵、规范交通秩序等方面的基本原理、方法策略及实践经验。具体内容包括:城市快速路的界定、快速路交通组织设计流程、主线交通组织设计、匝道交通组织设计、辅路交通组织设计、通行需求管理。手册中还提供了大量实际应用案例,为快速路交通组织设计方法的落地应用提供借鉴和参考。本书可供交通管理部门、大专院校、科研院所、设计咨询公司等单位的专业人员阅读参考。

图书在版编目(CIP)数据

城市快速路交通组织设计手册 / 公安部交通管理科学研究所编著. — 北京:机械工业出版社,2024.1
(城市道路交通组织设计系列手册)
ISBN 978-7-111-74815-1

Ⅰ.①城⋯　Ⅱ.①公⋯　Ⅲ.①城市道路-快速路-设计-手册　Ⅳ.①U495-62

中国国家版本馆CIP数据核字(2024)第032320号

机械工业出版社(北京市百万庄大街22号　邮政编码100037)
策划编辑:李　军　　　　责任编辑:李　军　刘　煊
责任校对:甘慧彤　张　薇　责任印制:刘　媛
北京中科印刷有限公司印刷
2024年3月第1版第1次印刷
184mm×260mm·12.25印张·2插页·227千字
标准书号:ISBN 978-7-111-74815-1
定价:139.00元

电话服务　　　　　　　　网络服务
客服电话:010-88361066　机 工 官 网:www.cmpbook.com
　　　　　010-88379833　机 工 官 博:weibo.com/cmp1952
　　　　　010-68326294　金 书 网:www.golden-book.com
封底无防伪标均为盗版　　机工教育服务网:www.cmpedu.com

"城市道路交通组织设计系列手册"

指导委员会

主　任：李江平

副主任：李　伟　　王长君　　孙正良

委　员：李　辉　　韩书君　　黎　刚　　王　健
　　　　刘东波　　戴　帅　　曹长剑　　马万经
　　　　陆　建　　李瑞敏　　金　盛　　姜文龙
　　　　张水潮　　戴继锋　　顾金刚

《城市快速路交通组织设计手册》

编撰委员会

主　编：吴晓东　公安部交通管理科学研究所
　　　　马万经　同济大学

副主编：王　玲　同济大学
　　　　顾金刚　公安部交通管理科学研究所
　　　　俞春辉　同济大学

参　编：李　娅　公安部交通管理科学研究所
　　　　邱红桐　公安部交通管理科学研究所
　　　　华璟怡　公安部交通管理科学研究所
　　　　付　强　公安部交通管理科学研究所
　　　　司宇琪　公安部交通管理科学研究所
　　　　张　韧　公安部交通管理科学研究所
　　　　安　琨　同济大学
　　　　苏子诚　同济大学
　　　　林　科　广东振业优控科技股份有限公司
　　　　陈宁宁　广东振业优控科技股份有限公司
　　　　邓光文　广东振业优控科技股份有限公司
　　　　孙　伟　上海济安交通工程咨询有限公司
　　　　汪　涛　上海济安交通工程咨询有限公司

前　言

随着我国城市社会经济的快速发展、城镇化进程的不断推进，城市道路交通量迅速增长，交通拥堵、交通事故、环境污染等问题日益加剧，制约了城市的社会经济发展。2015年召开的中央城市工作会议明确提出，要"加强城市精细化管理，着力解决城市病等问题"。为深入贯彻中央城市工作会议精神，推动治理交通拥堵、出行难、停车难等"城市病"，公安部等四部委决定进一步创新城市道路交通管理模式，从2017年起在全国组织实施"文明畅通提升行动计划"，并明确提出"交通组织提升工程"等五大主要任务措施。2023年公安部在全国大力实施"城市道路交通精细化治理提升行动"，要求用绣花的功夫完善管理、科学治理、优化服务。在此背景下，有必要组织编撰具有中国特色的城市道路交通组织设计手册，用于科学指导各地的城市道路交通拥堵治理工作。

根据当前城市道路交通组织管理工作的实际需要，拟编撰以下系列手册：平面交叉口渠化设计、交通信号控制设计、指路标志设置设计、主干路交通组织设计、快速路交通组织设计、区域交通组织设计、路内停车管理设计、公交优先交通组织设计、施工作业交通组织设计、智能交通管理系统结构和功能设计手册等。手册的内容既有基础理论的介绍，又有实战经验的总结，力求通俗、易懂，对解决实际问题有较强的指导性和可操作性。

本分册为《城市快速路交通组织设计手册》，着重从城市快速路交通时空资源的精细化组织方面，介绍改善通行安全、提高通行效率、缓解城市交通拥堵、规范交通秩序等方面的基本原理、方法策略及实践经验。具体内容包括：城市快速路的界定、快速路交通组织设计流程、主线交通组织设计、匝道交通组织设计、辅路交通组织设计、通行需求管理。手册中还提供了大量实际应用案例，为快速路交通组织设计方法的落地应用提供借鉴和参考。

本分册编撰工作由公安部交通管理科学研究所牵头，联合同济大学、广东振业优控科技股份有限公司、上海济安交通工程咨询有限公司等单位共同完成。在编撰过程中，从需求调研、素材收集、案例整理，到编辑整合、汇编成册，各单位分工明确、通力合作、反复研修，编著者付出了巨大的努力和心血，在此由衷地表示感谢！重庆、苏州、杭州等城市的公安交通管理部门为手册提供了丰富的实战案例，并在技术应用方面提供了宝贵的建议和帮助，在此也表示感谢！同时，还要对引用参考的所有文献的机构和作者表示感谢！

本手册的编撰和出版得到了公安部交通管理局的大力支持，在此表示衷心的感谢！

《城市快速路交通组织设计手册》的出版得到了国家重点研发计划"基于城市高强度出行的道路空间组织关键技术"（项目编号：2020YFB1600500）的支持和资助。

由于编著者水平有限，文中难免出现疏漏和不当之处，敬请读者批评指正！

编著者
2023 年 10 月

目 录

前言

第一篇 基本概念篇

第1章 城市快速路的界定 ...002

1.1 快速路特征 ...002
    1.1.1 快速路基本功能 ...002
    1.1.2 快速路与其他城市道路区别 ...003
    1.1.3 快速路与高速公路区别 ...004

1.2 分类与构成 ...005
    1.2.1 快速路类型 ...005
    1.2.2 快速路类型对比 ...007

1.3 快速路系统构成 ...007
    1.3.1 主路 ...007
    1.3.2 匝道 ...008
    1.3.3 辅路 ...011

第2章 快速路交通组织设计流程 ...014

2.1 交通调查 ...014
    2.1.1 交通调查内容 ...014
    2.1.2 交通运行调查方法 ...018

2.2 交通特征分析 ...021
    2.2.1 交通流状态划分 ...021
    2.2.2 交通流时空分布特性 ...021
    2.2.3 交通流速度特征 ...024

2.3 交通组织常用方法 ...024

2.4 效益评估体系 ...027
    2.4.1 快速路主线评估指标 ...027
    2.4.2 快速路匝道评估指标 ...029
    2.4.3 快速路辅路评估指标 ...030
    2.4.4 通行需求管理评估指标 ...030

第二篇 基本方法篇

第3章 主线交通组织设计 ...034

3.1 主线通行组织设计 ...034
    3.1.1 车道设置 ...034
    3.1.2 变换车道管理 ...035
    3.1.3 固定限速 ...036

3.2 主线动态管控 ...043
    3.2.1 可变限速设计 ...043
    3.2.2 潮汐车道 ...046
    3.2.3 动态路肩 ...050
    3.2.4 拥堵预警 ...055
    3.2.5 定向车道 ...058

第4章 匝道交通组织设计 ...063

4.1 入口匝道交通组织设计 ...063
4.2 入口匝道控制 ...066
    4.2.1 入口匝道关闭控制 ...066
    4.2.2 入口匝道汇入控制 ...066

4.3 出口匝道交通组织设计 ...079
    4.3.1 地面交织区类型 ...079
    4.3.2 地面交织区交通组织设计 ...080
    4.3.3 地面交织区功能预告标志 ...083
4.4 出口匝道相连交叉口控制 ...084
    4.4.1 出口匝道相连交叉口可变车道 ...084
    4.4.2 出口匝道相连交叉口信号控制 ...086

第 5 章 辅路交通组织设计 ...090

5.1 辅路通行组织设计 ...090
    5.1.1 出入口设计 ...090
    5.1.2 公交停靠站设计 ...095
    5.1.3 行人过街设计 ...097
    5.1.4 停车设计 ...099
5.2 辅路交通控制 ...099
    5.2.1 车道级控制实施基本条件 ...099
    5.2.2 管控方案设计 ...101

第 6 章 通行需求管理 ...102

6.1 外地车限行管理 ...102
    6.1.1 实施基本条件 ...102
    6.1.2 管控方案设计 ...103
6.2 货车限行管理 ...104
    6.2.1 实施基本条件 ...105
    6.2.2 管控方案设计 ...105

第三篇 综合应用篇

第 7 章 主线交通组织设计实例 ...108

7.1 快速路定向车道交通组织设计 ...108
    7.1.1 重庆市金开大道路段概况 ...108
    7.1.2 优化设计要点及提升效果 ...108
7.2 拥堵状态下动态路肩设计 ...111
    7.2.1 动态路肩在美国应用概况 ...111
    7.2.2 优化设计要点及提升效果 ...111

第 8 章 匝道交通组织设计实例 ...114

8.1 快速路入口匝道信号控制缓解多车道汇流拥堵 ...114
    8.1.1 重庆市人和大道转入金开大道入口匝道概况 ...114
    8.1.2 优化设计要点及提升效果 ...115
8.2 "互联网+"区域交通信号协调控制缓解入口匝道拥堵 ...117
    8.2.1 重庆市人和立交概况 ...117
    8.2.2 优化设计要点及提升效果 ...119
8.3 主动均衡交通负荷的城市快速路匝道交通信号管控 ...122
    8.3.1 苏州市内环快速路概况 ...122
    8.3.2 优化设计要点及提升效果 ...124

8.4 "专用右转车道"缓解快速路下匝道路口拥堵 ...128
    8.4.1 石家庄市平安大街—和平路交叉口概况 ...128
    8.4.2 优化设计要点及提升效果 ...131

8.5 分流向细化车流管控缓解快速路下匝道路口拥堵 ...136
    8.5.1 济南市顺河高架经四路下桥口交通概况 ...136
    8.5.2 优化设计要点及提升效果 ...137

8.6 快速路下匝道渠化微改造缓解车流交织问题 ...140
    8.6.1 乌鲁木齐外环路交通概况 ...140
    8.6.2 优化设计要点及提升效果 ...143

8.7 数字式分道与灯控交通组织为二环"减压提速" ...147
    8.7.1 西安市西二环—昆明路交叉口概况 ...147
    8.7.2 优化设计要点及提升效果 ...148

8.8 "全可变车道+二次放行"化解快速路下匝道交织拥堵 ...152
    8.8.1 杭州市上塘路—大关路交叉口概况 ...152
    8.8.2 优化设计要点及提升效果 ...154

8.9 "均衡交通负荷"缓解快速路下匝道交通拥堵 ...157
    8.9.1 济南市北园大街—历山路交叉口概况 ...157
    8.9.2 优化设计要点及提升效果 ...159

8.10 "定向车道+交替通行"缓解上下匝道交通拥堵 ...165
    8.10.1 武汉市汉江大道月湖桥段交通概况 ...165
    8.10.2 优化设计要点及提升效果 ...166

第9章 辅路交通组织设计实例 ...172

9.1 车道功能微调整解决辅路车流交织问题 ...172
    9.1.1 温州市瓯海大道辅路交通概况 ...172
    9.1.2 优化设计要点及提升效果 ...173

9.2 环城西路辅路交通组织设计优化 ...177
    9.2.1 宿迁市环城西路(西湖路—纬十二路段)概况 ...177
    9.2.2 优化设计要点及提升效果 ...182

参考文献 ...185

第一篇

基本概念篇

第 1 章 城市快速路的界定

Chapter One

快速路是现代城市交通路网中的重要组成部分，具有高速行驶、单向通行、分隔带隔离、交通流量大等特点。根据快速路主路与地面高度的关系，可以将快速路分为地平式、高架式、路堤抬高式、路堑式和隧道式。快速路系统由主路、匝道、辅路、立交等多个部分组成，它能够有效地提高交通效率和缓解城市交通拥堵。

1.1 快速路特征

1.1.1 快速路基本功能

在城市规模不断扩大，小汽车拥有量不断上升的背景下，快速路作为城市路网的骨架，以其快速且大容量的交通功能来满足城市持续发展的基本需要。CJJ 129—2009《城市快速路设计规程》中提出快速路是在城市内修建的，具有中央分隔、全部控制出入、控制出入口间距及形式，以及单向双车道或以上的多车道，并设有配套的交通安全与管理设施的城市道路。部分新建快速路现已根据需要增设路肩。快速路两侧不应直接设置可能吸引大量车流、人流的公共建筑物的出入口。如果根据城市规划，快速路两侧确需设置大型公共建筑物，则快速路两侧或者一侧应设置辅路，所有大型公共建筑物的出入口与辅路相接，辅路承担快速路交通流的集散作用。辅路与快速路之间设置专门的进、出匝道相连接。快速路主线基本不设信号灯，基本路段一条车道基本通行能力应达到1800pcu/h 以上，车辆行驶速度可以保持在 60~100km/h。快速路系统实现的基本交通功能如下。

1. 满足长距离交通

工业园区、商业中心、生活居住区等不同功能的分区或组团，分布在城市的不同方位，它们之间存在着较长的空间距离。通过城市快速路系统，可获得更高的运行效率，加强各个组团之间的联系，从时间上缩短各个组团间的通行时间。

2. 分离快慢交通

多种交通出行方式以及较大的速度差异的交通混行，导致城市道路网系统的通行效率降低。快速路因其结构特性、运行特性等，能够起到分离快慢交通的作用，提高道路网络通行效率。

3. 引导过境交通

过境交通的汇入将导致城市中心交通压力大，快速路系统能够引导城市中心区的过境交通，使过境交通从城市中心区外围较快通过，提高城市的交通效益和交通运行质量。

4. 疏解进出城交通

大城市中心区具有较强的集聚作用而产生较大的对外交通需求，当城市对外交通通道与城市内部交通通道互相重合或者过近时，内外交通混杂，带来交通拥堵和秩序混乱问题。快速路可以分离城市对外交通，提高城市交通的效率和秩序。

5. 调节城市路网交通量

城市快速路有较高的通行效率、较好的服务水平，能吸引更多的出行者。通过快速路上广泛存在的动态交通信息发布系统，能够使出行者在了解路网交通状况后，及时调整路线，促进路网交通量的合理分配。

1.1.2 快速路与其他城市道路区别

城市快速路与一般的城市道路（包括主干路、次干路、支路）的区别主要体现在"快速"和"连续"上，快速路的主要特点如下。

1. 汽车专用，路权专一

为减少快慢交通混行，避免因混合通行造成的交通阻塞，提高道路服务水平和交通安全性，快速路一般禁止行人、自行车、摩托车、拖拉机等进入，而且一些城市在一定的时间段内禁止货车通行。

2. 通行能力高，路网容量大

原则上，城市快速路红线宽度不低于50m，一般在60~100m。车道宽度一般是3.75m或3.5m，主路双向6~8条车道，辅路双向2~4条车道。而且，城市快速路采用连续非间断流的运行方式，因此可以承担大容量的交通。

3. 分离设施完备，路网系统独立

城市快速路网系统中存在着大量的立交、匝道等设施，能够实现快速路网与常规路网分离的目标。因此，相对于城市常规路网来说，城市快速路的路网系统是一个相对独立的系统。

4. 设计车速高，车辆行驶速度高

城市快速路的设计车速一般是 60km/h、80km/h 和 100km/h，另外，快速路与城市其他道路相交时大多是立体交叉口或匝道，不存在慢行交通流，确保了车辆在快速路上能够连续且快速通行。

5. 交通安全性高

城市快速路将机动车与非机动车完全隔离，尽可能降低快慢交通的干扰，而且快速路上不存在城市道路交叉口的冲突点，这些特点使快速路系统交通参与者的安全性得到了一定程度的保障。

1.1.3 快速路与高速公路区别

城市快速路与高速公路有一些共同特点。例如，都是全部控制出入形式。然而，城市快速路与高速公路在道路结构、道路功能和行车特性等方面，存在着很多不同。城市快速路不仅具有一般的城市道路交通功能，而且在城市道路综合交通系统中有更重要的作用。因而，不能简单地认为城市快速路是高速公路城镇化。城市快速路与高速公路对比情况见表 1-1。

表 1-1　城市快速路与高速公路对比

指标	城市快速路	高速公路
道路功能	主要承载城市内部各住宅区、商业圈等交通和衔接过境交通	主要承载城市之间、地区之间的远距离交通
道路结构	根据道路红线来确定道路横断面组成及各部分宽度	用地宽阔，主要根据交通量确定道路路幅宽度和车道数
	匝道多，匝道之间间隔较近	匝道少，匝道间隔大
	主要以环形和放射式为主	基本呈线状，线形无明显规律
行车特性	设计速度为 60~100km/h	设计速度为 60~120km/h
	车种构成单一，基本为小客车、大客车和小货车等	车种构成多样，主要包括小客车、大客车、小货车和大货车等
	交通需求相对大，出入口交织严重，交通状况复杂，容易发生交通拥堵	交通需求相对较小，无特殊情况不会发生交通堵塞

1.2 分类与构成

1.2.1 快速路类型

根据快速路主路与地面高度的关系，可以将快速路分为地平式、高架式、路堤抬高式、路堑式和隧道式。

1. 地平式

城市地平式快速路的标高与两侧其他道路标高基本一致，如图 1-1 所示。由于城市快速路必须保证一定的连续性，不允许其他交通直接穿越，也禁止其他形式的交通混行，因此，城市地面上布设的快速路必须要保证有足够的宽度和配套的隔离设施。城市地平式快速路的缺点是城市快速路犹如一条河将城市分隔开，所以在设置地平式快速路系统时必须非常谨慎。地平式快速路设置时应尽可能与其他自然分隔组合在一起，确保城市土地利用的完整性。另外，由于地平式快速路会阻断城市中其他道路，所以必须采用必要的跨线设施恢复两边道路的联系。

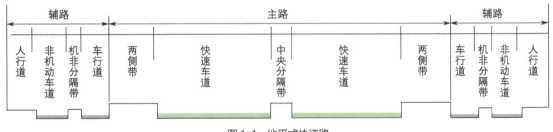

图 1-1 地平式快速路

2. 高架式

高架式快速路是利用高架的形式使得快速路高于地面，如图 1-2 所示。高架式快速路的优点是占用很少的地面空间就能实现较宽的路面要求，同时，高架式快速路的下方存在着大量的空间，可用作绿化带、停车场等。高架式快速路高于城市地平面，使得车辆行驶过程中驾驶人视野开阔，并且能够带来良好的城市景观体验。不过，高架式快速路存在不可避免的缺点，比如汽车行驶过程中的噪声、尾气和灰尘会对沿线环境带来一定的负面影响。

3. 路堤抬高式

路堤抬高式快速路的优点与高架式快速路类似，但路堤抬高式快速路利用土堤作为路基，因而在视觉上会有更强烈的分隔城市的感觉，如图 1-3 所示。另外，路堤抬高式快速路需要的工程量、占地面积较地平式快速路更大。

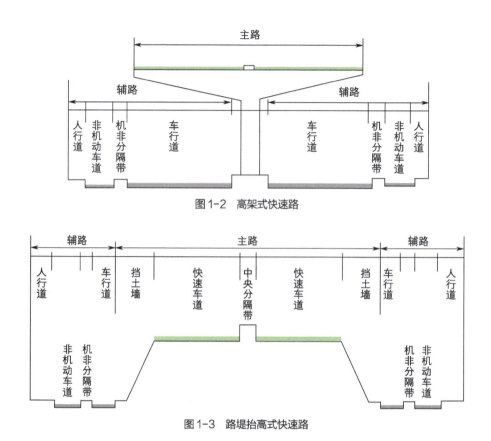

图 1-2　高架式快速路

图 1-3　路堤抬高式快速路

4. 路堑式

路堑式快速路一般低于城市地面标高约 4~5m，道路的两侧可用边坡、护坡、木板桩等处理，如图 1-4 所示。路堑式快速路的最大优点是车辆行驶在道路上时造成的噪声、尾气等对沿线环境的干扰和污染较小。由于路堑式快速路低于地面，城市中的道路与快速路相交时，可以从其上部跨越，或以坡道形式与快速路相接。因为城市其他道路的行程车速一般低于快速路的行程车速，当城市其他道路上的车辆进入快速路时，可以在坡道上加速行驶；当快速路上的车辆进入城市其他道路时，可以在上坡路段减速行驶。

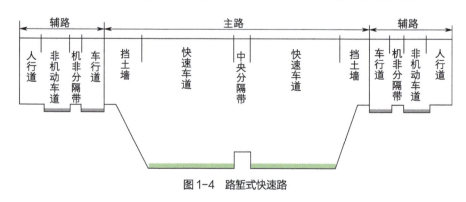

图 1-4　路堑式快速路

5. 隧道式

隧道式，如图 1-5 所示，与路堑式相似，但与路堑式不同的是，隧道式快速路不受地面建设情况的影响，技术要求高，需要配备相应的照明、通风、排水设施，投资和运营的费用大，还要求具备相应的运行监控和事故救援能力。

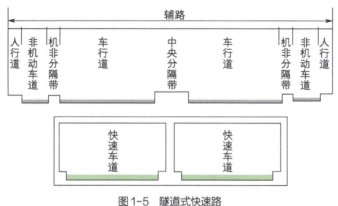

图 1-5　隧道式快速路

1.2.2　快速路类型对比

通常情况下，从地形来看：高架式快速路高于地面，能够有效跨越部分地面障碍；地平式快速路则犹如一条河将城市分隔开，分隔城市用地的作用更加明显；路堤式快速路和路堑式快速路需要填挖地面，受地形影响更大；对于一些需要从地下通过的城市特殊地段，则选择隧道式较好。

从用地情况来看：隧道式快速路不占用地面空间，不受城市地面建设状况影响；高架式快速路只需要占用很少的地面空间，同时，高架式快速路下存在着大量的空余空间，可以作为其他用途，如停车场、仓库或建设一般性城市道路；地平式快速路、路堑式快速路、路堤式快速路占地面积相近且都较大。

从建设造价来看：城市快速路的造价中地平式的最低，其余从低到高依次是路堤式、高架式、路堑式，最高的是隧道式。因此，在城市快速路建设过程中，应根据城市的地形条件、用地状况、经济发展状况等合理选择快速路的类型和断面。

1.3　快速路系统构成

1.3.1　主路

快速路主路根据交通流运行特性，可分为基本路段、合流区、分流区和交织区，如图 1-6 所示。

1. 基本路段

基本路段是快速路的主要通行部分，如图1-6所示。该路段的主要特点是车流较为稳定，车速较快，车辆密度较大。车辆在基本路段上受到的扰动较小，因此基本路段的通行能力最高。

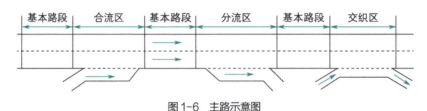

图1-6　主路示意图

2. 合流区

合流区是上匝道与快速路主线的交汇处，从上匝道驶出的车辆在相邻的快速路主线车道交通流中寻找可利用的空隙，汇入主线交通流，是快速路的瓶颈之一。该路段的主要特点是车流汇聚，车速波动较大，车辆密度较大，容易发生拥堵。

3. 分流区

分流区是下匝道与快速路主线的交汇处，驶出主线的车辆首先从主线直行车流中分离，然后进入与匝道相邻的车道。该路段的主要特点是车流分散，车速较快，车辆密度较小。

4. 交织区

当合流区后面紧接着一个分流区，即当一条上匝道紧接着一条下匝道时，构成交织区。上匝道车辆需要并入主线而下匝道车辆需要与主线分离，两种匝道车辆形成明显交织，从而导致交通流紊乱，紊流使交织区常常成为快速路的拥挤路段。

1.3.2　匝道

匝道是连接两条道路的一段专用道路，包括互通式立交的连接道路、快速路与辅路的连接道路、快速路与地面道路的连接道路。匝道有三个组成部分（图1-7），包括匝道与道路分流连接点、匝道车行道和匝道与道路的合流连接点。

匝道出入口是供车辆驶出或进入快速路的单向交通路口，一般设置于快速路右侧。出入口在位置、间距及端部的几何设计上，应保证主线的直行交通流不受过大的干扰，主线车辆能稳定、安全、迅速地实现分、合流。出入口的形式有直接式和平行式两种，如图1-8所示。

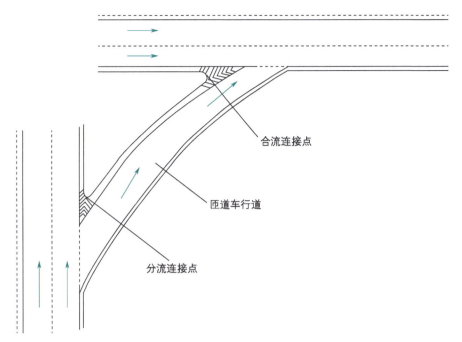

图1-7 匝道的组成

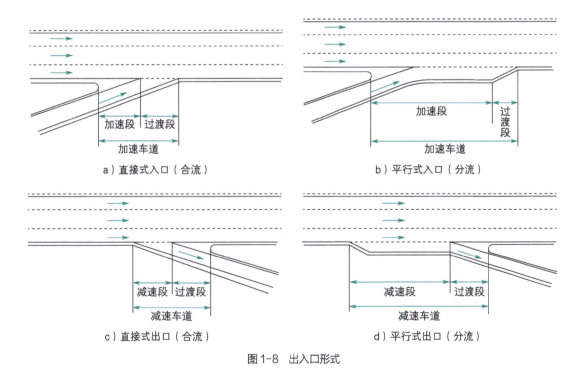

图1-8 出入口形式

车道数的连续与平衡应符合下列规定:

1)在快速路全线或较长路段内必须保持一定的基本车道数。

2)相邻路段同一方向上的车道数每次增减不得多于一条,车道数变化点应距互通式立体交叉 0.5~1.0km。

3）在分合流处车道数应按式（1-1）进行计算，以检验车道数的平衡（参见图1-9）：

$$N_C \geq N_F + N_E - 1 \qquad (1-1)$$

式中　N_C——分流前或合流后的主线车道数；

　　　N_F——分流后或合流前的主线车道数；

　　　N_E——匝道车道数。

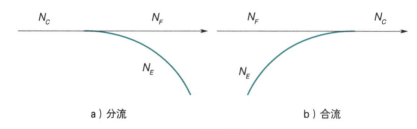

a）分流　　　　　　　　　b）合流

图1-9　车道数的平衡

针对入口匝道的加速车道，一般采用平行式，因为平行式除了提供车辆加速功能外，还能提供上匝道车辆等候主线车流空当以便车辆顺利插入的功能，能够给汇流车辆提供更多的时间和机会。当主线直行方向交通量较少时，也可在上匝道的加速车道处采用直接式。针对下匝道的减速车道一般采用直接式，但当减速车道为双车道时，应采用平行式。

城市快速路与其他各级道路之间的交通转换比较频繁，导致其出入口间距明显小于高速公路。CJJ 129—2009《城市快速路设计规程》规定了城市快速路匝道出入口最小间距，详见表1-2。

表1-2　出入口最小间距　　　　　　　　　　（单位：m）

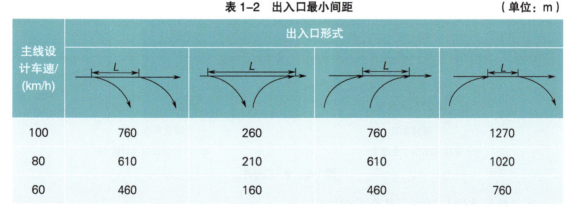

主线设计车速/(km/h)				
100	760	260	760	1270
80	610	210	610	1020
60	460	160	460	760

同时，变速车道长度应为加速或减速车道长度与渐变段长度之和，变速车道长度与出入口的渐变率应符合表1-3的规定。

表 1-3　变速车道长度与出入口渐变率

主线设计车速 /(km/h)		100	80	60
减速车道长度 /m	单车道	90	80	70
	双车道	130	110	90
加速车道长度 /m	单车道	180	160	120
	双车道	260	220	160
渐变段长度 /m	单车道	60	50	45
渐变率	出口 单车道			
	双车道	1/25	1/20	1/15
	入口 单车道			
	双车道	1/40	1/30	1/20

1.3.3　辅路

辅路是指设置于快速路两侧或一侧，集散快速路交通的道路。同时，辅路也可以承担沿线的非机动车与行人交通，如图 1-10 所示。另外，对于主路上必须设置变速车道的情况，辅路上宜增设一条车道，以保证快速路出入口的畅通。主辅路出入口的形式如图 1-11 所示。

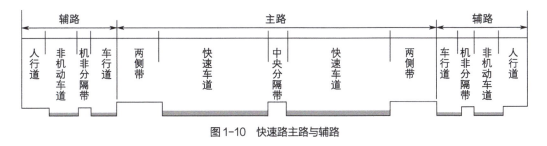

图 1-10　快速路主路与辅路

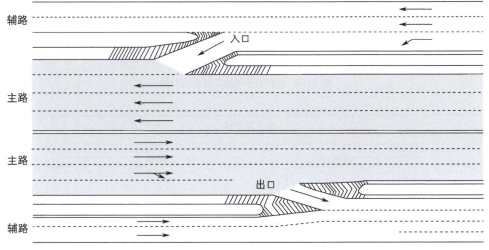

图 1-11　主辅路出入口

根据我国的机动车行驶惯例，车辆靠右行驶，一般情况下将出入口设在主线车行道的右侧，以减少分合流时对正常行驶的主线车流的影响。辅路出入口分为平面式出入口与匝道式出入口。

平面式出入口横向位置一般在快速路与辅路分隔带的外侧，平面式出入口纵向位置一般在相邻立交桥的前后，位置如图 1-12 所示。

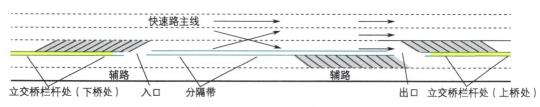

图 1-12　平面式出入口横向位置

注：图中阴影斜线区域为导流线简化示意，下同。

平面式出入口一般遵循以下原则：

1）快速路出入口初始位置的选择必须满足出入口最小间距的要求。

2）充分考虑快速路沿线流量分布特征，尽可能使快速路系统中各个区段的交通量保持均衡。

3）充分考虑出入口处常规路网的运行状况，保证出入口的畅通性。

4）出入口距离下游平面交叉口渐变段起点宜满足最小交织区长度要求。

匝道式出入口横向位置可以分为匝道设在辅路左转车道内侧、辅路左转车道和直行车道之间、辅路直行车道和右转车道之间三种情况，分别如图 1-13~ 图 1-15 所示。

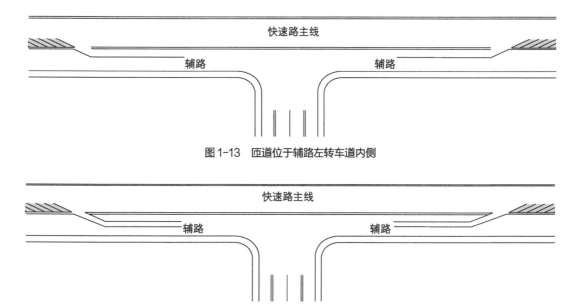

图 1-13　匝道位于辅路左转车道内侧

图 1-14　匝道位于辅路左转车道与直行车道之间

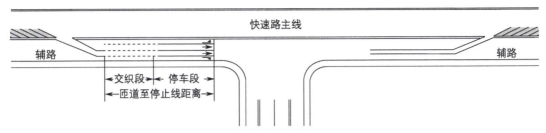

图1-15 匝道位于辅路直行车道与右转车道之间

匝道式出入口纵向位置设置原则与平面式出入口纵向位置的设置原则类似。匝道式出入口横向设置一般遵循以下原则：

1）根据转向流量大小比例设置出入口匝道位置。

2）出入口设置在交叉口范围之外。

3）不同转向的辅路车辆应提前变更车道，减少出口道前方的交织。

根据 JTG/T D21—2014《公路立体交叉设计细则》，主线侧分合流连接处的辅路长度不应小于表1-4的规定值，当主线单向基本车道数大于3车道或匝道中有双车道时，不应小于表1-4中的一般值。

表1-4 主线侧分合流连接处的辅路最小长度

主线设计速度/（km/h）		100	80	60
辅路最小长度/m	一般值	1100	1000	800
	极限值	900	800	700

第 2 章

快速路交通组织设计流程

Chapter Two

快速路交通组织设计根据快速路类型分为主线交通组织设计、匝道交通组织设计和辅路交通组织设计。快速路交通组织设计首先需要对道路基础条件、交通运行状况、控制现状等进行交通调查；分别对快速路主线、匝道、辅路等进行交通特征分析；根据不同路段的交通特征制定不同的交通控制方法，确定交通组织设计的方法体系；最后，建立效益评估体系，对不同的快速路类型设置对应的评估指标，用于评价交通控制方法的优劣。

2.1 交通调查

2.1.1 交通调查内容

2.1.1.1 道路基础条件

1. 主线基础条件

包括车道数量、主线车道宽度、匝道位置、主辅路出入口位置、主线允许速度、主线标志标识、是否有专用车道、是否存在瓶颈、是否有管控措施等。

2. 匝道基础条件

包括匝道车道数量、匝道车道宽度、匝道长度、匝道坡度、匝道线形、匝道允许车速、匝道转角半径、匝道标志标识、是否有专用车道、是否存在瓶颈、是否有管控措施等。

3. 辅路基础条件

包括车道数量、车道宽度、车道功能分布情况（如左转、直行等）、辅路出入口位置、人行横道长度、辅路标志标识、是否有专用车道、是否存在瓶颈、是否有管控措施等。

4. 相交交叉口基础条件

需要调查的交叉口包括与上下匝道连接的交叉口、主线交叉口、辅路交叉口等。调查内容包括交叉口各进口道车道数、车道宽度、车道功能分布情况（如左转、直行等）、转向车道长度、渠化岛设置情况、人行横道长度、是否设有安全岛、各方向交叉口宽度、交叉口斜交角度、是否有管控措施等。

2.1.1.2 交通运行情况

1. 交通流量

交通流量通常采用 15min、1h、24h 等指标，一般以 15min 流量为统计间隔对交通运行情况进行调查。交通流量的采集应分主线、匝道、辅路、相关交叉口进行统计，有特殊场景控制时，应根据实际情况增加相应调查项。

1h 交通流量应在快速路上的关键位置采集。这些位置由高峰小时时段和快速路交通流特点决定。1h 交通流量是数据采集中的重要元素，可用来识别快速路路网交通流日变化、不同控制时段以及不同配时方案切换时间点、快速路交通拥堵主要时间段和主要路段、快速路路网的交通量分布。

24h 交通流量可以用快速路沿线的自动检测器或其他 ITS 设备进行采集，使用自动检测器或其他 ITS 设备可以减少数据采集工作的时间和成本。

2. 排队长度

排队长度是指路段发生拥堵时的最大排队长度。排队长度是快速路交通组织设计的有效性评价指标。排队长度数据需要根据快速路类型分别采集，如主线合流区、分流区及交织区排队长度、匝道相关交叉口排队长度、辅路交叉口排队长度等。

3. 平均车速

平均车速是反映快速路运行效率的指标。平均车速分为平均地点车速和平均行程车速，平均地点车速是车辆驶过道路某断面的平均速度；平均行程车速是车辆驶过某个路段的长度与所用时间之比。平均车速一般通过快速路沿线的自动检测器进行检测。

4. 区间运行效率

反映区间路段运行效率的数据包括：平均延误、行程速度、排队消散时间、停车次数。根据快速路类型的不同，区间路段运行数据的采集需要按路段进行，如快速路主线、匝道、辅路等。一般情况下，通过采用跟车行驶的方式完成区间路段运行效果的数据调查，且为避免偶然性，同一时段的调查次数应不少于 3 次。

5. 交通运行安全

通过对快速路交通事故次数、相关交叉口交通冲突点的调查，可对快速路交通安全进行评估，从设施及策略上完善交通安全保障措施。交通冲突点一般可分为交叉冲突点、合流冲突点、分流冲突点，快速路相关交叉口信号控制的目的之一是分离交叉冲突，尽量减少合流冲突。

2.1.1.3 控制现状

交通控制现状调查分析主要包括主线可变信息板、匝道信号控制设施和相关交叉口控制设施等内容。

1. 主线可变信息板

主线可变信息板（图2-1）用于警告事故发生的持续时间和地点，通报交通拥堵、路线更改、限速和其他重要信息。可变信息板控制现状的调查内容包括：

1）主线可变信息板的布设位置。

2）可变信息板发布信息内容的形式（文字式、图形式、图形文字混合式）。

3）可变信息板提供的交通信息（包括供应拥挤程度、排队长度、延误、行程时间等）。

4）可变信息板提供的政策信息（路段限行政策等）。

图2-1 主线可变信息板

2. 匝道信号控制设施

匝道信号控制设施用于引导匝道车辆有序通行，控制匝道车辆在尽量不影响主线交通流的情况下进入快速路主线。匝道信号控制现状调查内容主要包括：

1）信号灯布设位置。

2）信号灯组合形式。

3）信号灯接线情况。

4）信号机类型。

5）交通检测器类别及布设位置（车辆检测器、排队检测器、检入检测器、检出检测器等）。

6）标志标线。

3. 辅路信号控制设施

辅路信号控制设施用于控制引导行人、机动车和非机动车的通行。辅路信号控制设施辅路信号控制现状调查内容主要包括：

1）信号灯布设位置。

2）信号灯组合形式。

3）信号灯接线情况。

4）信号机类型。

5）交通检测器类别及布设位置（车辆检测器、电子警察等）。

6）标志标线。

7）其他附属设施。

4. 相关交叉口信号控制设施

相关交叉口信号控制设施信息包括：

1）交叉口信号灯组合形式。

2）信号灯接线情况。

3）信号机类型。

4）交通流采集设备及布设位置。

5）交叉口标志标线等。

5. 相关交叉口渠化方案

快速路相关交叉口渠化方案是快速路交通组织设计的重要环节，可以规范车辆行驶、减少车流冲突，有效组织车流有序地通过交叉口，最大限度地发挥道路资源利用率。现有相关交叉口渠化方案的关键信息包括：

1）交叉口渠化区域。

2）渠化标志标线类型及作用。

3）渠化交叉口各方向车道数及对应的车道功能。

4）护栏、隔离带、隔离墩等渠化交通设施数量和布设位置。

5）交叉口信号控制方案。

2.1.1.4 其他相关数据

1. 出行特征

出行特征的主要内容包括：

1）快速路出行 OD 调查，调查内容主要有车辆起止点分布（从哪个匝道上快速路、到哪个匝道下快速路）、出行目的、出行时间等。快速路出行 OD 调查用于了解城市快速路网交通流的构成、流量和流向，掌握快速路流量分布特征。

2）公交车、客车、货车（若有）等不同车辆类型的比例，用于分析快速路用户特征。

3）快速路沿线医院、学校、景区等重点区域交通出行的特点，调查此类重要区域用户出行时间、出行目的、出行次数、出行距离、出行方式、出行起止点等，用于分析区域内用户出行特征和路段拥堵致因。

4）不同时段出行特征，如早晚高峰、平峰时期快速路交通出行特征。

2. 其他相关数据

其他相关数据包括：

1）互联网数据，主要数据内容包括用户出行时间、出行轨迹等。

2）手机信令数据，主要数据内容包括用户活动轨迹、出行起讫点、驻点等。

3）人工调查数据，包括交通量调查、交通事故调查、延误调查、交通基础设施调查等。

2.1.2 交通运行调查方法

2.1.2.1 定点式信息采集技术

定点式交通信息采集技术指通过安装在固定位置的检测设备，对道路上移动的车辆进行监视，从而实现交通信息数据采集的方法，主要有感应线圈检测、地磁检测、微波雷达检测、超声波雷达检测、视频检测等。目前，在这些快速路的检测技术中，感应线圈检测和雷视检测（一般为视频检测和雷达检测的结合）被广泛应用。

1. 基于感应线圈的信息采集技术

利用环形线圈检测器获取交通信息，是目前世界上已经十分成熟的车辆检测方法，它可以获取当前监控路面的交通流量、占有率、速度等数据，以判断道路拥堵情况（图 2-2）。然后，通过信息发布设备发布拥堵信息，从而使交通量在快速路网上实现重新分配，以缓解交通拥堵。

感应线圈检测技术经过几十年的发展到现今已实现标准化，具备以下优点。

1）技术成熟，易于掌握，并且成本较低。

2）计数精确，系统稳定，不受环境的影响。

感应线圈检测技术的缺点如下：

1）线圈在安装或维护时必须在车道上开槽埋设，交通会暂时受到阻碍。

2）埋置线圈的切缝会软化路面，容易使路面受损。

图 2-2　道路线圈实景图

2. 基于雷视检测的信息采集技术

基于雷视检测（雷达和视频）的快速路信息采集技术，是一种先进的快速路交通数据获取技术。该技术利用雷达和摄像机对车辆进行探测和跟踪，通过图像处理和数据分析技术，可以实现对车辆行驶速度、流量、密度、车道占有率等交通参数的实时检测和统计（图 2-3）。

这种技术具有以下优点。

1）高精度：利用雷达和摄像机的高精度检测，可以实现对车辆行驶速度、流量、密度、车道占有率等交通参数的高精度检测和统计。

2）实时性：快速路信息采集技术可以实现对交通数据的实时获取和处理，可以提高交通管理效率和道路使用效率。

3）自动化：由于采用了先进的图像处理和数据分析技术，快速路信息采集技术可以自动完成对交通数据的检测和统计，减少了人工干预，提高了数据的准确性和稳定性。

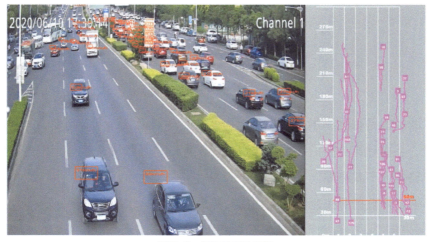

图 2-3　雷视检测效果图

但是，基于雷视检测（雷达和视频）的快速路信息采集技术也存在一些缺点：

1）成本较高：由于需要安装复杂的设备和系统，所以该技术的成本较高。

2）受天气影响较大：由于雷达和摄像机对天气的敏感性较高，因此在恶劣天气下，该技术的检测精度会受到影响。

3）对设备维护要求高：由于设备需要长时间工作在恶劣的环境下，因此需要进行定期维护和检修，增加了设备的管理成本。

2.1.2.2 移动式信息采集技术

移动式信息采集技术是指运用安装有特定设备的移动车辆，来采集交通参数数据的技术的总称。目前，主要有基于手机信令的采集技术和基于车辆定位数据的采集技术。基于手机信令的采集技术，其基本原理是利用手机与基站之间的相互关系来确定手机位置坐标信息，多用于调查区居民出行特征、OD时空分布等，而较少用于快速路车辆信息采集。相对而言，基于车辆定位数据的信息采集技术，是目前应用较为广泛的快速路信息采集技术（图2-4）。

图2-4 基于车辆定位的信息采集系统

该技术的关键是根据车辆定位数据返回的数据（经度、纬度、速度、时刻），计算路段平均速度，从而计算道路的拥堵延时指数等，进一步判断快速路运行状态等级，并将此信息发送给路侧或车载终端。

基于车辆定位数据的交通信息采样技术的优点有：

1）数据采集量大，覆盖范围广，成本低廉。

2）实时性强，并且能全天候采集详细、连续的信息。

基于车辆定位数据的交通信息采集技术仍存在以下缺点：

1）该技术的检测精度与车辆定位数据的定位精度有很大关系，其定位精度可能会受到大气层、遮挡物、电磁干扰的影响。

2）为保证数据精度，需要足够多的车辆装有车辆定位装置，以及较快的数据采样频率，同时也存在隐私保护等现实问题。

2.2 交通特征分析

2.2.1 交通流状态划分

城市快速路的交通流运行状态表征为连续流特性，连续流指没有外部固定因素（如交通信号）影响的不间断交通流。交通流状态的划分有助于对快速路交通运行特征的了解，城市快速路状态可以分为三类。

1. 自由流状态

交通流率较小，速度快，占有率低，行驶车辆基本不受或者很少受到其他车辆的干扰，是一种稳定的状态。

2. 稳定流状态

速度受到前车的制约，但车流的行驶状态较为稳定，同时具有一定的抗干扰能力，在该状态下交通流率可达最大，当交通需求持续增加时，车流运行速度出现显著下降，此时交通流处于亚稳定流状态。

3. 不稳定流状态

不稳定交通流状态通常包括饱和流和强制流。饱和流是指交通流达到最大通行能力的状态，此时交通流受到各种因素的制约，速度和流量等参数发生剧烈波动。强制流是指交通流达到最大通行能力后，由于外界因素的干扰，交通流开始出现无序运动和剧烈波动的状态，容易引起交通事故。

2.2.2 交通流时空分布特性

2.2.2.1 主线交通流分布特征

1. 时间分布特性

（1）交通量周变化

一般对于连接市区与市郊的快速路，周一至周四的交通量变化不大，周五交通量最大，周六交通量明显低于工作日，周日交通量最小。原因在于工作日多为通勤出行，而周五除工作外，部分人选择去郊外度周末，交通量有较大增加；而周六、周日通勤人群大量减少，虽有部分加班或外出游玩人群，但交通量仍少于周一至周五。

（2）交通量日变化

快速路各小时的交通量在不断变化，这种变化呈现周期性规律，一般用日变化图来表示，日变化图是指表示各小时交通量变化的曲线。快速路交通量日变化主要呈 M 形或马鞍形，具有明显的早晚高峰，早高峰出现较快，而晚高峰出现的比较缓慢，但持续的时间较长。

2. 交通流空间分布特性

快速路交通量也随空间而变化，比较重要的是交通量在方向上的分布和在车道上的分布。

（1）交通量方向分布

无论是在快速路环路上还是放射线上，日交通量的方向分布一般并不明显，即一天内两个方向的交通量相差不大，但在某一较短时间内，可能存在较大差别。这种方向的不平衡性一般用方向分布系数 K_D 来表示：

$$K_D = \frac{主要行车方向交通量}{双向交通量} \times 100\% \tag{2-1}$$

（2）交通量车道分布

当一个方向的交通流同时有几条车道可以利用时，各车道的利用率可能会存在不一致的现象。交通流在车道上的分布取决于交通规则、交通组成、车速和交通量、驾驶人的习惯等。一般来说，平峰时主线内侧车道交通量大于外侧车道交通量，高峰时各车道承担的车流量较为接近。

2.2.2.2 匝道交通流分布特征

城市快速路匝道作为快速路系统内部车流和外部车流的联系纽带，是快速路主线和城市路网关联交叉的关键节点，匝道区域的交通运行状况将直接影响快速路系统功能。匝道交通流受到城市地面道路交叉口信号灯调节的作用，从时间分布上来看，城市快速路入口匝道交通量呈现出明显的"周期性""脉冲性"和"波动性"。关于"周期性"，在地面交叉口的信号控制方案不变的条件下，这种规律性的周期时长与匝道上游交通信号的周期时长大致相等。同一匝道不同时段交通流量的这种规律性周期时长相等，而不同匝道由于受到匝道上游不同信号控制的影响，周期时长一般不相等。而关于"脉冲性"和"波动性"，它们的明显程度和匝道与匝道上游交通信号灯的距离有关，匝道和匝道上游信号灯的距离越小，"脉冲性"和"波动性"越明显，反之，则越不明显。城市快速路出口匝道交通量主要与快速路主线总交通量，以及出口匝道附近交通需求吸引强度相关，若出口匝道相连交叉口进口道出现了溢流情况，则出口匝道交通将受到相连交叉口信号控制影响，也会出现"周期性""脉冲性"和"波动性"；若未出现溢流情况，出口匝道交通量仅会存在一定的"波动性"。

2.2.2.3 瓶颈点段交通流特征

随着交通需求量的增加，我国一些大城市快速路局部路段出现了经常性的交通拥挤现象，形成了交通"瓶颈"。在这种拥挤状态下，车辆行驶速度大大降低，快速路的交通疏导能力严重下降。对于出行者或管理人员来说，一旦产生了车辆排队，关注的问题不再是道路具有的设计通行能力，而是更关注道路对交通的"疏散"能力，即在排队状态下，车辆的释放流率为多大。瓶颈形成的因素主要有以下几方面。

1. 道路坡度

在快速路的立交和隧道等部分路段，各种车辆爬坡性能上的差异会造成纵坡段车辆在行驶过程中互相之间干扰较大的情况，导致交通混乱，不利于道路通行。

2. 车道减少

当车道数减少时（如作业施工），若正常路段交通量大于车道减少路段的通行能力，则易有排队或缓慢行驶的情况出现，车道减少处为易形成交通瓶颈的位置。

3. 特殊事件

交通事故、移动瓶颈、交通需求量突然增大等情况会造成交通拥堵，导致交通状况恶劣，平均行程速度降低，形成交通瓶颈。

2.2.2.4 快速路网交通流分布特征

由于经济快速发展、城市人口集聚、车辆规模增大等原因，城市快速路网交通需求逐年增加，而快速路交通供给有限，导致快速路网拥堵情况日益严重。

1. 快速路网主要拥堵节点分析

城市快速路网拥堵区域主要分布在中心城区，尤其在城市大型商圈、大型活动中心（如体育中心）以及交通枢纽处。快速路网主要拥堵节点一般在拥堵区域的瓶颈处。结合快速路交通组织特点，可以分析出快速路网拥堵节点的分布区域。

1）快速路主线合流区、分流区、交织区。

2）快速路主线交叉口。

3）快速路匝道出入口。

4）快速路辅路与匝道交汇处。

5）快速路辅路出入口。

2. 快速路网拥堵特征分析

1）关联性，从空间维度出发，交通拥堵初期以点的形式表现出来，但由于城市道路网络相互连接，路网内各路段相互影响，交通拥堵节点会蔓延形成线形交通拥堵，进而随着路网逐级蔓延传播，形成区域交通拥堵。

2）动态性，从时间维度出发，交通拥堵节点的产生或消失会随着交通流量或交通供给的实时动态变化而变化。瞬时交通流量增加或交通供给减少，会增加交通基础设施的压力，可能造成拥堵，但当到达车流减少到一定程度后，拥堵会消失。

2.2.3 交通流速度特征

1. 速度影响因素

同一条快速路上的车速分布比较集中，但是不同快速路上的车速会存在很大区别。城市快速路的道路几何条件、路面状况以及交通需求等，均会对行车速度造成影响。快速路的坡度、曲率等因素会影响车辆的行驶速度，坡度较大的情况下，速度较慢；路面状况也会对车速产生影响，如路面的平整度、摩擦系数等，路面平整度差将导致速度偏慢；此外，交通流量的变化也会导致车速的波动，当流量超过一定阈值后，速度随着流量的增加而减慢。

2. 速度变化特征

快速路上的车辆速度随着时间和空间发生变化。在早、晚高峰时段内，快速路上的车流量较大，车辆速度随流量增加迅速减慢；而在非高峰时段，在小密度、低流量的情况下，车辆处于自由行驶状态，快速路上车辆速度随流量增加的变化很小。而空间上，不同路段的车辆速度特性也不相同，基本路段车流较为稳定，车速较快；合流区车流汇聚，车速波动较大；分流区车流分散，车速较快。

2.3 交通组织常用方法

城市快速路交通状况复杂，交通流量大，车辆行驶速度高，且合流、分流和交织等冲突多，不同区域、不同路段的交通状况各有其特点。因此，需根据不同区域和路段的交通特征，制定不同的管控措施，如图 2-5 所示。

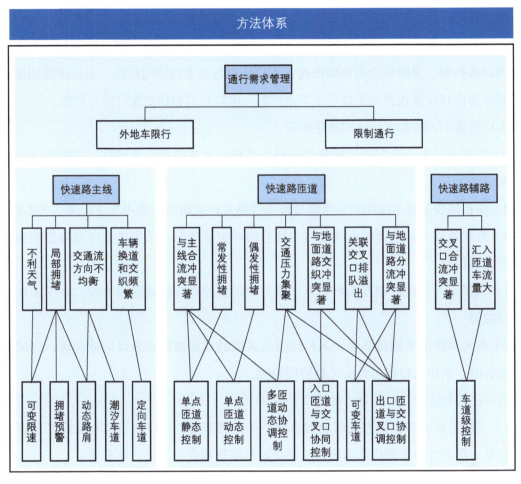

图 2-5　交通组织常用方法

1. 快速路主线

针对快速路主线的动态管控措施有可变限速、潮汐车道、动态路肩、拥堵预警和定向车道。受用地条件制约，快速路一般情况下不设置路肩，但新建快速路可能存在设置路肩的情况。不同管控措施适用条件如下。

1）当存在不利天气条件时，采用可变限速。

2）当快速路主线出现拥堵时，拥堵路段采用可变限速和动态路肩，拥堵路段下游采用可变限速和拥堵预警。

3）当快速路主线交通流方向不均衡时，采用潮汐车道或动态路肩。

4）当快速路主线前方有较长排队或前方车辆有明显减速时，采用拥堵预警。

5）当车辆换道和交织频繁时，采用定向车道。

2. 快速路匝道

快速路匝道控制分为入口匝道控制和出口匝道相连交叉口控制。入口匝道控制分为入口匝道关闭控制和入口匝道汇入控制，其中入口匝道汇入控制包括单点匝道静态控制、单点匝道动态控制、多匝道动态协调控制、入口匝道与交叉口协同控制；出口匝道相连交叉口控制分为出口匝道相连交叉口可变车道控制、出口匝道相连交叉口信号控制。

入口匝道汇入控制方法适用条件如下：

1）当多车道汇入少车道、相邻快速路主线路段发生规律性拥堵时，采用单点匝道静态控制。

2）当相邻快速路主线路段发生紧急事件或偶发性拥堵时，采用单点匝道动态控制。

3）当快速路入口匝道流量大、与主线合流冲突显著时，采用单点匝道静态控制或单点匝道动态控制。

4）当多个入口匝道相互关联相互干扰、单匝道控制方法局限较大时，采用多匝道动态协调控制。

5）当入口匝道车辆排队多、入口匝道与关联的地面道路交叉口区域拥堵、区域交织冲突显著时，采用入口匝道与交叉口协同控制。

出口匝道相连交叉口控制方法适用条件如下：

1）当快速路出口匝道与关联地面道路交织冲突显著，出口匝道与地面交叉口容量不足导致某一导向方向车辆排队溢出时，采用出口匝道相连交叉口可变车道。

2）当快速路出口匝道交通压力集聚，与关联地面道路区域交织冲突显著，出口匝道与地面交叉口容量不足导致排队溢出产生区域拥堵时，采用出口匝道相连交叉口信号控制。

3. 快速路辅路

快速路辅路控制一般为车道级控制。当快速路辅路汇入匝道流量大造成匝道口拥堵、交叉口合流冲突严重时，采用分车道法。

4. 通行需求管理

当快速路流量过饱和时，可通过通行需求管理缓解交通压力、减少交通拥堵。通行需求管理主要通过外地车限行和限制通行两种限行政策来实施。

2.4 效益评估体系

效益评估的指标如图 2-6 所示。

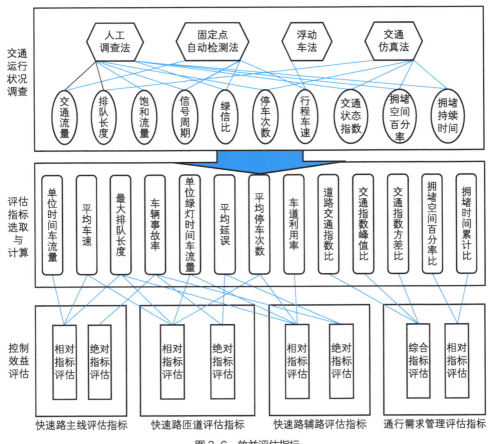

图 2-6 效益评估指标

2.4.1 快速路主线评估指标

快速路主线评估指标主要分为通行效率、拥挤程度、安全程度三类，见表 2-1。一般主要考虑通行效率和拥挤程度，当主线某路段交通事故发生次数较多时，在评估交通组织设计方案时就需要考虑车辆事故率。

1. 单位时间车流量

单位时间车流量指标通过调查交叉口连续 10 个周期以上单位时间的主线交通流量平均值求得，计算公式如下：

$$Q_1 = \frac{\sum_{i=1}^{n} q_i}{\sum_{i=1}^{n} t_i} \quad (2-2)$$

式中 Q_1——单位时间车流量（pcu/h）；

q_i——主线第 i 个周期时间交通流量（pcu）；

t_i——主线第 i 个周期时间间隔（h）；

n——制定时段周期个数，$n \geq 10$。

表 2-1　快速路主线评估指标

序号	指标分类	指标	指标说明
1	通行效率	单位时间车流量	连续 10 个周期以上单位时间的主线交通流量平均值
2		平均车速	主线某路段长度与车辆驶过该路段的平均时间之比
3	拥挤程度	最大排队长度	主线拥堵路段排队车辆数最多时，排队车辆占用的车道长度
4	安全程度	车辆事故率	一定时期内主线车辆发生事故的频率与通行车辆数之比

2. 主线平均车速

主线平均车速是指快速路主线上车辆的平均行程速度。计算公式如下：

$$\bar{V} = \frac{L}{\bar{T}} \qquad (2-3)$$

式中 $\bar{V}$——路段平均行程车速（km/h）；

L——路段长度（km）；

$\bar{T}$——车辆驶过该路段的平均时间（h）。

3. 最大排队长度

主线最大排队长度是指拥堵时期主线车辆在合流区、分流区、交织区的最大排队长度，计算公式如下：

$$L = n_{car} \cdot \bar{h_s} \qquad (2-4)$$

式中 L——某车道最大排队长度（m）；

n_{car}——某车道排队车辆数量（pcu）；

$\bar{h_s}$——平均车头间距，一般取 8.0m。

4. 车辆事故率

车辆事故率是表达一定时期内，快速路主线路段交通事故次数与通行车辆数之间的相对关系。车辆事故率计算公式如下：

$$R_1 = \frac{B \times 10^5}{M} \qquad (2-5)$$

式中 R_1——车辆事故率（%）；

B——一年内因交通事故发生次数；

M——该路段通行车辆总数（pcu）。

2.4.2 快速路匝道评估指标

快速路匝道是专门连接两条道路的一段专用道路，包括互通式立交的连接道路、快速路与辅路的连接道路、快速路与地面道路的连接道路。匝道交通组织设计的评估指标，需要评估与快速路出口匝道直接相连的进口道的拥挤程度、延误程度和安全程度，见表2-2。

表2-2 快速路匝道相关交叉口评估指标

序号	指标分类	指标	指标说明
1	拥挤程度	最大排队长度	绿灯启亮时刻与快速路出口匝道直接相连的进口道最大排队长度
2	延误程度	平均延误	与快速路出口匝道直接相连的进口道单位时间内每辆车因信号控制引起的延误平均值
3		平均停车次数	与快速路出口匝道直接相连的进口道停车次数的平均值
4	安全程度	车辆事故率	一定时期内匝道或关联路口车辆发生事故的频率与通行车辆数之比

1. 平均延误

平均延误是相关交叉口所有车辆处于自由流状态的行程时间与实际行程时间差值的平均值。计算公式如下：

$$\bar{d} = \frac{\sum_{i=1}^{n}(t - t_i)}{n} \quad (2\text{-}6)$$

式中 $\bar{d}$——与快速路出口匝道直接相连的进口道平均延误（s/pcu）；

t——与出口匝道直接相连的进口道车辆自由流状态下通过交叉口的时间（s）；

t_i——与快速路出口匝道直接相连的进口道车辆 i 实际通过交叉口的时间（s）；

n——与快速路出口匝道直接相连的进口道通过的车辆数（pcu）。

2. 平均停车次数

平均停车次数是指车辆在与快速路出口匝道直接相连的进口道的车辆停车次数平均值，计算公式如下：

$$\bar{s}_A = \frac{1}{n}\sum_{i=1}^{n} S_i \quad (2\text{-}7)$$

式中 $\bar{s}_A$——平均停车次数；

S_i——第 i 辆车通过匝道相关交叉口总停车次数；

n——与快速路出口匝道直接相连的进口道通过车辆数（pcu）。

其余评估指标计算方法同上。

2.4.3 快速路辅路评估指标

快速路辅路交通组织设计的评估指标分为通行效率、拥挤程度、延误程度三类，评估指标主要针对辅路交叉口。另外，基于快速路辅路的功能和特点，车道利用率也作为辅路评估指标，与排队长度、平均延误时间、平均延误次数等指标相互影响，具体见表2-3。

表 2-3 快速路辅路评估指标

序号	指标分类	指标	指标说明
1	通行效率	单位绿灯时间车流量	连续10个周期以上单位绿灯时间的辅路交通流量平均值
2		平均车速	辅路某路段长度与车辆驶过该路段的平均时间之比
3		车道利用率	反映单一方向的路段交通流在不同车道上的分布情况
4	拥挤程度	排队长度	绿灯启亮时刻辅路交叉口排队最大进口车道的排队长度
5	延误程度	平均延误时间	单位时间内每辆车因信号控制引起的延误平均值
6		平均停车次数	车辆通过协调范围内交叉口停车次数的平均值
7	安全程度	车辆事故率	一定时期内匝道或关联路口车辆发生事故的频率与通行车辆数之比

车道利用率是指单条车道车流量与对应方向所有车道车流量之比，车道利用率计算方法如下：

$$R_L = \frac{n_i}{\sum_i n_i} \quad (2-8)$$

式中　R_L——车道利用率（%）；

n_i——单位时间内 i 车道车流量（pcu）；

$\sum_i n_i$——单位时间内辅路某方向所有车道车流量（pcu）。

其余评估指标计算方法同上。

2.4.4 通行需求管理评估指标

通行需求管理评估指标包括道路运行效率指标和用地时空特性指标两类，其中道路运行效率指标包括道路交通指数比、交通指数峰值比和交通指数方差比；拥堵时空特性指标包括拥堵空间百分比和拥堵累计时间比，具体见表2-4。

表 2-4　通行需求管理评估指标

序号	指标分类	指标	指标说明
1	道路运行效率指标	道路交通指数比	限行措施实施后道路交通指数与限行前的比值
2		交通指数峰值比	限行措施实施前后某一道路/区域的最大交通状态指数的比值
3		交通指数方差比	限行措施实施前后某一道路/区域的交通状态指数方差的比值
4	拥堵时空特性指标	拥堵空间百分比	在特定时段内道路网处于连续拥堵状态（$TSI \geqslant 50$）的区域或道路里程数，与区域总数或道路里程总数的比值
5		拥堵累计时间比	在特定时段内评价对象处于连续拥堵状态（$TSI \geqslant 50$）的时间长度

1. 道路交通指数比

"道路交通指数比（TSI）"的定义为：限行措施实施后道路交通指数与限行前的比值。道路交通指数比 I_1 计算公式如下：

$$I_1 = \frac{TSI_a}{TSI_b} \tag{2-9}$$

式中　TSI_a——限行政策实施后的道路交通指数；

　　　TSI_b——限行政策实施前的道路交通指数。

2. 交通指数峰值比

"交通指数峰值比"的定义为：限行措施实施前后某一道路/区域的最大交通状态指数的比值。交通指数峰值比 I_2 计算公式如下：

$$I_2 = \frac{\max(TSI_a)}{\max(TSI_b)} \tag{2-10}$$

3. 交通指数方差比

"交通指数方差比"的定义为：限行措施实施前后某一道路/区域的交通状态指数方差的比值。交通指数方差比 I_3 的计算公式如下：

$$I_3 = \frac{\mathrm{var}(TSI_a)}{\mathrm{var}(TSI_b)} \tag{2-11}$$

4. 拥堵空间百分比

"拥堵空间百分比"的定义为：限行措施实施后道路网的拥堵空间百分比与限行前的比值。拥堵空间百分比 I_4 的计算公式如下：

$$I_4 = \frac{CSP_a}{CSP_b} \tag{2-12}$$

式中　CSP_a——限行政策实施后的拥堵空间百分比；

　　　CSP_b——限行政策实施前的拥堵空间百分比。

5. 拥堵累计时间比

"拥堵持续时间比（CCP）"的定义为：限行措施实施后的拥堵累计时间与限行前的比值。拥堵持续时间比 I_5 的计算公式如下：

$$I_5 = \frac{CCP_a}{CCP_b} \tag{2-13}$$

式中　CCP_a——限行政策实施后的拥堵持续时间；

　　　CCP_b——限行政策实施前的拥堵持续时间。

第二篇

基本方法篇

第3章 主线交通组织设计
Chapter Three

城市快速路主线交通状况复杂，交通流量大，车辆行驶速度高，且合流、分流和交织等冲突较多，合理的交通组织设计是城市快速路交通有序、安全、高效运行的保障之一。

3.1 主线通行组织设计

3.1.1 车道设置

快速路主线横断面宜由机动车道、分车带组成。对于普通快速路主线，CJJ 129—2009《城市快速路设计规程》、CJJ 37—2012《城市道路工程设计规范（2016年版）》中给出了具体设置要求。

1. 机动车道

快速路主线车行道按交通量可分为单向2车道、3车道、4车道。车道宽度可按设计车速与设计车型划分，一条机动车道的最小宽度应符合表3-1的规定。

表3-1 一条机动车道的最小宽度

设计车速/（km/h）	车道宽度/m	
	大型车或混行车道	小客车专用车道
100，80，60	3.75	3.50

2. 分车带

快速路的上下行快速机动车道之间必须设中间带分隔，中间带应由中央分隔带及两侧路缘带组成。中间带宽度宜为3.0m，即中央分隔带为2.0m，两侧路缘带各为0.5m。城区快速路用地条件受限制时，中间带可适当缩窄；对向车流必须采用混凝土分隔墩或中央分隔护栏分隔，两侧应各设0.5m宽路缘带。中央分隔带两侧应埋设路缘石，外露高度不应小于180mm。分隔带应采用立缘石围砌，需要考虑防撞要求时，应采用相应等级的防撞护栏。当需要在道路分隔带中设置雨水调蓄设施时，立缘石的设置形式应满足排水的要求。

对于高架快速路主线，当高架快速路为单向2车道及以上，机动车道宽度应至少采用1条3.75m宽的大型车道，其余可根据小汽车的比例，采用小汽车道。单车道匝道的机动车道应为3.50m宽，另外应设2.50m宽的紧急停车带；两车道匝道机动车道均应为3.50m宽。高架快速路中央分隔带可采用50cm宽的防撞墩。高架快速路主线左、右侧路缘带宽度应采用0.50m，匝道左、右侧路缘带宽度应采用0.25m。高架快速路和匝道两侧的防撞栏杆宽度可采用0.50m。

3.1.2 变换车道管理

快速路变换车道管理的目的是保证车辆在快速路上的安全、通畅和高效的行驶，减少交通事故和拥堵的发生。在GB 5768.3—2009《道路交通标志和标线 第3部分：道路交通标线》中规定了同向车道分界线的布设要求，具体要求如下。

1. 设置条件

当同一行驶方向有两条或两条以上的车行道时，应设置同向车行道分界线。

2. 形式选择

同向车行道分界线分为可跨越同向车行道分界线和禁止跨越同向车行道分界线两类，应根据是否需要禁止车辆变换车道和短时越线超车加以选择。可跨越同向车行道分界线采用白色虚线，禁止跨越同向车行道分界线采用白色实线。

经常出现强侧向风的特大桥梁路段、宽度窄于路基的隧道路段、急弯陡坡路段、车行道宽度渐变路段、匝道出入口附近路段，或其他需要禁止变换车道的路段，应设置白色实线；同向相邻车道间，允许车辆变换车道或短时跨越车行道分界线行驶时，则应设置白色虚线。

对于隧道依据规范，隧道内部应当采用实线作为车道分界线，不得变换车道。当隧道长度大于1000m时，可结合交通特性、行车环境、管理措施等综合考虑采用可跨越同向车行道分界线。其具体做法是：考虑到驾驶人明暗适应情况，在隧道入口端后与出口端前应禁止变道以保证行驶安全，该距离建议不小于400m；中间可跨越同向车行道可视隧道总长度分段设置，每段虚线建议长度为150~500m，段间采用实线建议长度为100~150m。

3. 设置位置

同向车行道分界线应设置在同向行驶的车行道之间的分界线上。如该位置为水泥混凝土路面的接缝，则应通过工程研究和判断，白色虚线或白色实线可偏向接缝一侧，偏移宽度不宜大于白色虚线或白色实线的宽度。

4. 设置规格

白色虚线、白色实线的宽度应为10cm或15cm，根据快速路的设计速度和路面宽度确定。对于设计速度不小于60km/h的快速路，白色虚线的线条长度应为6m，空白段长度应为9m，如图3-1、图3-2所示。

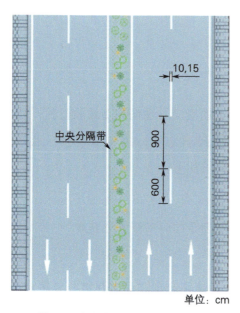

图3-1 允许跨越同向车行道分界线

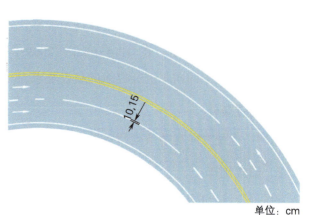

图3-2 禁止跨越同向车行道分界线

3.1.3 固定限速

3.1.3.1 限速影响因素

合理设置快速路限速值是降低速度离散性，提高车辆行驶安全和通行效率的有效途径。国标GB 5768.5—2017《道路交通标志和标线第5部分：限制速度》中对限速值的确定要素与步骤给出了较为明确的规定。快速路交通流具有速度运行快和交通量大的特征。从安全方面考虑，快速路上较为严重的交通事故都是较高速度引起的剐蹭、碰撞等，并且这些事故会导致快速路通行能力下降，进而产生拥堵，造成社会经济和财产损失。从效率方面考虑，速度控制可以提高道路的实际通行能力。当车辆速度保持在一个稳定的范围内时，可以使交通流行驶状态更为有序，进而实现道路实际通行能力的最大限度利用。从环保方面考虑，合适的限速可以减少污染排放，节约能源。汽车频繁启动和制动会导致有害尾气量增加和油耗增加，浪费更多能源，所以需要减少车辆行驶的制动、起动次数，而限速可以使得交通流趋于匀速行驶，进而减少污染。

城市快速路最高和最低限速值的确定必须综合考虑多方面因素。限速区段所处地形特征、线形条件、驾驶人和车辆、气候及周围环境特点的各方面因素均会对快速路的限速值产生巨大影响,此外,限速区段的交通状态和交通法规等也会产生显著影响。

1. 道路条件

道路条件包括城市快速路地形特征(即地形是否属于平原区、山岭区等)、曲率、坡度、坡长等几何线形路面条件,以及道路宽度、车道数、视距、横向间距等,这些因素都会对驾驶人的行车形成影响,这也是设计道路速度时必须考虑的,同时还是确定最高和最低限速,以及设置限速区段时必须考虑的重点因素。其中,几何线形是最重要的因素,它直接影响驾驶人的速度选择,对于平曲线半径较大的路段,危险程度也相对较低,最高和最低限速较高;对于处于山岭地区的城市,城中快速路由于受建设成本、山岭地形影响,部分路段的平曲线半径较小,较平原地区危险,最高和最低限速较低。

需要特别指出的是快速路上会存在一些特殊路段,如立交桥、高架桥、隧道,以及急弯、长大下坡段、小半径曲线段等,这些路段发生事故概率相对较高,限速一般较低。但是,应注意到确定限速时要同时考虑相邻路段运行速度的协调性,避免速度差过大而带来新的安全隐患等问题。

2. 天气条件

天气条件主要是指城市快速路在一年四季中受雨、雪、雾的影响程度。部分路段处于多雾、多雨雪的天气时,驾驶人的能见度会受到影响而降低,并且路面的摩擦系数大大降低。由于快速路上车辆速度本身较高,车辆在制动减速时特别容易引起打滑跑偏,进而会导致危险事故的发生。所以,在天气较差情况下,对城市快速路最高和最低限速需要进行重新确定。

3. 道路交通状况

城市快速路交通运行状态决定了速度限制值,特别是在非自由流状态下,包括交通量、超车条件、交通密度等对驾驶人速度的选择有一定影响的因素,需要依据具体交通状态设置不同的可变速度限制值。当交通流处于自由流状态,即道路交通流密度不超过临界密度时,交通量和平均速度为线性关系,此时交通流量的不同会影响驾驶人对行车速度的选择,在自由流状态下,城市快速路行车速度普遍高,限速值也更高。

4. 车辆组成

一般来说,不同的车型、品牌和车龄对城市快速路车辆行驶速度有显著影响。在城市快速路系统中,小汽车占据大部分比例,其次是大型客车、小型货车和大型货车等。大型客车、小型货车和大型货车等与小汽车相比总体性能仍然偏低，当车辆处于低速行驶状态时，车辆间的性能差距不大。当车辆处于高速行驶状态时，性能差的车辆将会拉大整体车流的离散性，产生不同的交通流特性，因此交通组成影响着交通流的运行特点，决定了城市快速路的不同限速。所以在制定限速时可以针对性能差的车辆设计静态限速值，并与分车道限速进行结合（具体设计方法见 3.1.3.3 分车道分车型限速策略），或针对性能最差的大货车，在全天部分时段或全天禁行。

5. 驾驶人状态

驾驶人对道路危险的认知程度影响并决定了驾驶人在具体行驶过程中的速度选择，即使在没有设置限速的道路上驾驶，驾驶人也不一定把车辆开得越快越好，而是依据自己对道路、交通条件等预期的危险因素综合判断后，根据自身和周围环境，再结合限速做出自认为安全、高效、舒适的速度选择。限速过低的情况下，多数驾驶人会选择超速；限速过高的情况下，驾驶人也不会盲目地遵从。安全、高效和舒适一直是驾驶人内心考量的指标，限制速度的设定也应基于此，才能更有效地发挥控速作用。在很多情况下，以运行速度的 85% 分位数作为限速，这种自组织方式确定的限速值能够客观反映出最佳速度限制条件。

6. 法律、政策及执行程度

我国城市快速路采用了固定上限、下限值的速度设置，一般为 60~100km/h 之间。城市快速路的设计速度是介于城市其他等级道路和高速公路之间的。为了保证限速值能够被很好地执行，必须有配套的法律法规，特别是相应的执法手段，以及道路监测设备，能够及时采集到违反限速的车辆并及时予以处罚，使得速度限制成为真正有效的管控手段。

3.1.3.2　固定限速设计

1. 设计要求

固定限速是指道路投入运营之后，由交通管理者制定的固定的最高和最低车辆限制速度，用以保障运营安全，提高运行效率，同时也是交警执法的依据。城市快速路的静态限制速度，可分为最高限制速度和最低限制速度，即在道路的特定路段上，允许车辆合法行驶的最高（最低）速度。最高限制速度是速度选择的上限，主要考虑道路交通安全，防止车速过高导致严重的事故后果。最低限制速度是速度选择的下限，主要考虑速度离散性，使速度在一定范围内，提高运行效率。

固定最高限速和固定限速可通过在限速路段的起点设置限速标志实现，最高限速标志和最低限速标志如图 3-3 所示。

第3章 主线交通组织设计

a）最高限速标志　　b）最低限速标志

图 3-3　最高限速和最低限速标志示例

此外，道路上的长、大结构物，如跨海大桥、特长隧道、山区高墩大桥等，限制速度值不宜高于设计速度值。路域交通环境复杂、存在横向干扰的路段，限制速度值不宜高于设计速度值。当道路功能或环境发生较大变化时，宜对限制速度值进行评估，根据需要对限制速度值进行调整。

2. 设计策略

限速值设计时需考虑道路功能、运行速度、道路环境以及历史事故等因素，以道路的设计速度值为基础，在符合法律规定的前提下，经交通工程论证可以提高 10~20km/h，但不高于 100km/h，且以 10km/h 的整数倍设置。这样做的目的是为了保证道路的安全性能和通行效率之间的平衡。在实际应用中，限速值的制定需要根据不同的道路特征和交通状况进行灵活调整，以保证道路的安全和畅通。

限速值是在路段划分的基础上进行计算。为了充分提高城市快速路的通行能力，在确定限速值时应注意以下原则。

1）在交通流密度较低的路段，以交通流安全运行为前提，可以尽量提高最高限速值，使得城市快速路发挥其本身高效、快速的作用，同时还应考虑车辆的最小油耗，做到提升运行速度的同时减小油耗和尾气排放。

2）在设置最低限速值时，为使城市快速路的交通流平滑、稳定，应以过往车辆的实际运行速度为准则，防止因部分车辆速度较低而产生的移动瓶颈，降低车速的离散程度。

3）在制定最高限速值时，为充分发挥城市快速路的作用，应以 V_{85} 为基准，并同时兼顾到安全、效率、经济、舒适等因素。

合理的限速路段划分应能够充分发挥城市快速路的高效、快捷、安全的运行特点，保证限速标志的设置能够真实反映驾驶人的使用需求。首先，以实测的运行速度（如85%分位数）为基础，将运行速度差值较大的路段划分为不同的限速单元；其次，基于快速路自身的特点，将互通式立体交叉或匝道等作为划分单元的主要节点；最后，将快速高架路段、互通式立交间距过短的路段及匝道附近路段（如合流区、分流区和交织区）等特殊路段作为单独的路段进行划分。基于以上三个原则，实现快速路限速路段的初步划分。

完成对路段初步划分后，需要对限速路段进行精准划分。以每个路段的运行速度为基础，分别计算特征断面的运行速度标准差 ΔV_{85}，计算公式如下：

$$\Delta V_{85} = \sqrt{\frac{\sum_{i=1}^{n}(V_i - \overline{V}_{85})^2}{N-1}} \qquad (3-1)$$

式中　V_i——特征断面路段的运行速度（km/h）；

$\overline{V}_{85}$——特征断面路段平均85%分位速度的平均运行速度值（km/h）；

N——特征断面数。

路段划分以 ΔV_{85} 大小来定义，当 $\Delta V_{85}>10$km/h 时为运行速度变化明显的路段，需要对路段进行拆分，从而形成车速变化平稳的路段；反之，则为运行速度变化平稳路段。对比相邻路段的85%分位车速，若速度相差较大则不能合并，需要确定两个不同的限速值；若速度相差较小可以合并，共同采用一个限速值。快速路上限速路段的划分流程可以按图3-4所示进行。

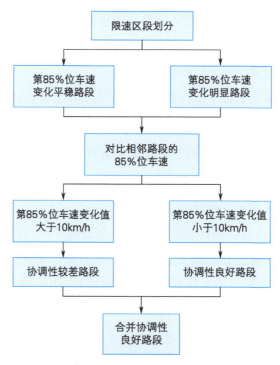

图3-4　路段初步划分流程图

过细的路段划分不仅需要设置较多的限速标志，还需要驾驶人进行频繁的车速变换，增加了驾驶人本身对限速信息的处理量以及对应的操作量，不利于正常驾驶。同时，速度差较大时会导致交通事故的形成,因此应在具有不同的限速大小的限速路段间设置一定的过渡段,住房和城乡建设部发布的 CJJ 129—2009《城市快速路设计规程》明确规定:快速路设计车速宜采用 60km/h、80km/h、100km/h。路段改变设计车速时应设置过渡段,从而给驾驶人提供足够的反应和操作时间来降低车速。过渡段的设置原则为逐级降低限速值,设置效果如图 3-5 所示。

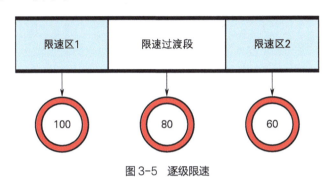

图 3-5　逐级限速

3.1.3.3　分车道分车型限速策略

分车道分车型限速策略是指根据快速路上不同车道与不同车型制定不同的限速值,具体可分为分车道限速策略、分车型限速策略,以及分车道和分车型结合固定限速策略。

分车道限速是指对城市快速道路不同的车道采用不同的限速值,采用这种设计方法,是为了避免不同速度的车辆在同一车道上因为速度不同而发生追尾或超车等危险情况,从而提高行驶质量,减少交通事故,缓解交通拥堵。分车型限速是指对城市快速道路不同的车型采用不同的限速值,采用这种设计方法的原因是快速路上不同车型的性能以及运行特性不同,从而导致行驶速度有明显差异。分车型限速可以减少大型车行驶过程中因速度较慢而对小型车产生的影响,在保证大型车行车安全的同时,提高小型车的运行效率。

GB 5768.5—2017《道路交通标志和标线第 5 部分:限制速度》中对这两种限速策略给出了较为明确的规定,具体相关条目如下。

1)同向 3 车道及以上道路宜在两侧同时设置限速标志,或在车道上方设置限速标志。限速标志的设置应考虑到车辆遮挡和视认角度等因素。

2)分车型限速标志示例如图 3-6 所示。

3)分车道限速,限速标志宜设置在车道正上方,示例如图 3-7 所示。

需要指出的是,分车道限速可以降低驾驶人变道的频率,使得每条车道运行速度的离散性得到很好的控制,从而提高了道路通行效率和安全性。而分车型限速有助于提高不同

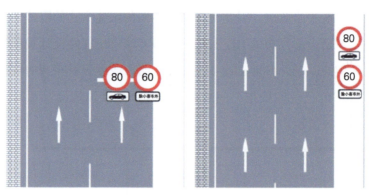

图 3-6 分车型限速标志示例

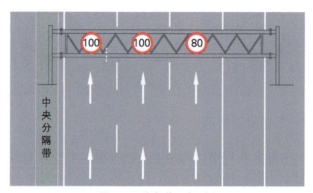

图 3-7 分车道限速示例

车型的车辆运行安全性,经常和分车道限速结合使用。一般的分车型限速设置方法为:大型车的最高限速值比小汽车低 10~15km/h,最低限速采用统一值。一般的分车道限速设置方法为:最左侧车道以及中间车道以小汽车的限速值进行设置,最右侧车道最高限速值以大型车限速值进行设置。分车道和分车型结合限速,限速标志和车道专用标志宜设置在车道正上方,示例如图 3-8 所示。

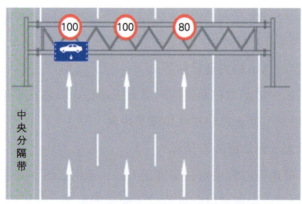

a)左侧车道小客车专用并限速 100km/h,右侧车道限速 80km/h

图 3-8 分车道和分车型结合限速示例

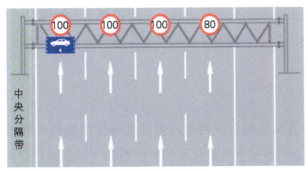

b）左侧车道小客车专用并限速100km/h，中间2个车道限速100km/h，右侧车道限速80km/h

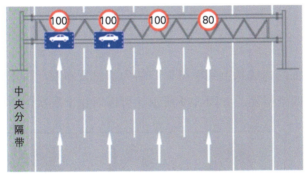

c）左侧2个车道小客车专用并限速100km/h，中间靠右侧车道限速100km/h，右侧车道限速80km/h

图3-8 分车道和分车型结合限速示例（续）

3.2 主线动态管控

3.2.1 可变限速设计

可变限速系统是指利用设置在快速路上的感应线圈，或其他定点式交通信息检测器、路面状况传感器和气象传感器等提供实时的交通流状态、道路及天气情况，配合突发事件处理系统，使用计算机及电子技术综合分析所有信息，最终对主线速度限制值进行动态调整，以达到增加车流通过率、减少主线车流运行时间、降低交通事故率的目的。

3.2.1.1 实施基本条件

1. 交通流条件

早晚高峰时段快速路出现拥堵的原因是需求增加，当需求大于快速路路段通行能力时，将产生排队且排队向上游传播。在瓶颈区域排队车辆消散过程中，消散流率通常低于瓶颈区通行能力，即将出现"通行能力下降"现象。实践证实，瓶颈区拥堵产生后排队车辆消散流率通常较非拥堵时通行能力低约10%~30%。

因此，若下游出现拥堵，产生排队并排队向上游传播，可采用可变限速控制。通过降低上游路段限速值，生成一个低流量区域，从而控制流入游瓶颈区域的车辆流率，消除瓶颈区车辆排队现象，并将车辆通过流率控制在通行能力状态附近，阻止通行能力下降现象。

2. 天气条件

如果存在不利的天气条件，以拥堵为重点的管控措施也可能适用于响应天气变化。《中华人民共和国道路交通安全法实施条例》中第四十六条规定：遇雾、雨、雪、沙尘、冰雹，能见度在50m以内时，或在冰雪、泥泞的道路上行驶时机动车行驶最高行驶速度不得超过30km/h。

3. 配套设施

可变限速控制系统的构成从上到下可以归结为信息发布层、可变限速控制层、数据传输层和信息采集层等四个层面，如图3-9所示。可以对每个层次的功能归纳如下。

图3-9 可变限速控制系统组成

1）信息采集层。信息采集层的功能是通过布设在快速路沿线的交通和天气等各类检测设备，获得实时、准确的道路交通流运行状态以及天气条件。可变限速控制技术的优势在于，该技术能够反映实时的交通运行环境及运行情况，并进行动态的限速控制，因此信息采集层是可变限速控制系统的基础。目前已实施可变限速控制的快速路，大部分采用环形线圈进行交通流参数的采集，也有部分采用微波雷达、视频等检测设备；环境监测站以及能见度传感器、风速风向传感器和降水传感器等用于监测路段实时天气条件。可检测到的交通流参数包括速度、流量、密度、占有率及车头时距等，环境天气数据包括能见度、风速、风向及降雨量等。信息采集层的关键在于，保证检测到的交通状态和天气条件尽可能的准确。

2）数据传输层。数据传输层的功能是对信息采集层各硬件设施所采集到的信息进行数据处理，并将数据传送到实时基础数据库中。数据传输层为路侧检测设备及控制中心之间提供了信息交互的途径。目前，数据传输层多利用有线连接（即光缆）进行数据信息的通信，这样可以在一定程度上保证数据传输速度及准确性。数据传输层需要根据具体需求设计与硬件兼容的接口，或传输前对采集数据进行相应的转换，以减少传输信息量。

3）可变限速控制层。可变限速控制层的功能即根据控制策略，通过对实时交通流状态、天气条件进行分析，制定可变限速值，这是可变限速控制系统的核心。该层可以分为两个部分，单点限速控制主要针对道路某断面计算其合理的限速值，并通过可变信息板实时发布最优限速值；多点限速控制主要考虑多个路段可变限速值的协调，避免因相邻路段限速值相差过大，导致车辆间产生较大的速度差，确保主线限速控制的稳定性。

4）信息发布层。信息发布层的功能即将可变限速控制层制定的限速控制命令通过可变信息板发布给驾驶人，是可变限速控制系统的终端。控制中心的可变限速控制指令通过有线连接可以传输到本地的局部控制单元中，进而通过可变信息板进行限速值的发布。目前，可变限速值的发布方式有3种：强制执行、半强制执行及推荐执行。信息发布一般采用LED可变限速标志，LED可变限速标志的视认性需满足标志产品的视认角不小于30°，静态视认距离不小于250m；动态视认距离不小于210m。显示屏基底应为亚光黑色，图形外圈发光时为红色，不发光时为黑色或无色。数字字符发光时为黄色，不发光时为黑色或无色，其形式一般如图3-10所示。

图3-10 LED可变限速标志示意图

3.2.1.2 管控方案设计

1. 限速区间

对于如何确定限速区间长度,目前没有相关标准和统一方法。通过已实施案例可知,一般可变限速系统的限速区间在500~1000m之间。过短的限速区间会导致驾驶人频繁的加减速,增加其操作量的同时带来驾驶人分心导致的安全隐患;过长的限速区间将导致快速路整体运行速度偏低且不利于交通流的快速通行。具体的限速区间需要结合实际道路线形和道路条件确定。

2. 限速值

目前可变限速系统主要采用逐级限速的方法。通过确定下游限速、上游限速以及限速变化值来得到各区间限速值,相邻限速路段的限速值之差应控制在20km/h以内。如图3-11所示,其下游限速由下游路段检测器检测到的第85%位车速确定,限速值为30km/h,上游限速为60km/h,限速变化值为10km/h。

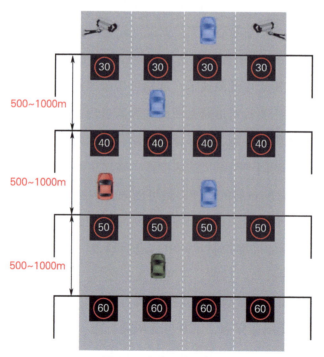

图3-11 逐级限速示意图

3.2.2 潮汐车道

潮汐车道控制是一种针对车道的动态控制策略,它通过改变一条或多条车道方向,对拥堵的交通动态分配通行能力,使通行能力更好地匹配全天交通需求,有助于减少行程时间、降低事故发生率、提高服务水平等。可以通过物理移动障碍或标志来改变每个方向的可用车道数,这种策略也被称为可变车道控制或潮汐流控制,适用于设施能力有限,且高峰时段具有交通潮汐特征的道路。潮汐车道控制策略宜与其他主动交通管理策略如匝道控制策略、动态出入口控制策略等协同实施。

3.2.2.1 实施基本条件

1. 道路条件

实施潮汐车道的路段一般需要满足如下道路条件:

1)道路上车道数为双向 3 车道以上。在交通流量较大的快速路上车道数通常为 6 条以上,至少为 5 条,即设置可变车道的路段上的非主要方向的车道数不宜小于 2 条。当总车道数为奇数时,设置可变车道更合适。

2)设置可变车道的路面上一般不存在物理隔离设施。在道路形态已定且需求明确的情况下,若存在中央隔离带,可以根据实际情况进行论证,符合条件后设置可变车道。

3)根据应用实例,可变车道设置长度在 1~5km 的范围内较为合适。

2. 交通条件

1)道路上存在常态性的交通流量变化。即在某些特定时段,流量都会相较于正常状态有明显地升高或降低。

2)交通流的方向不均匀系数最低为 2/3。美国国道运输协会(AASHTO)建议,在高峰时期,当一个方向的交通量占了路段断面交通量 65% 以上时,可设置可变车道。

3)将轻交通方向的车道改变成重交通方向行驶后,轻交通方向的通行能力需满足当前的交通需求。

3. 配套设施

潮汐车道控制系统的构成与功能与可变限速控制系统类似。前者不同于后者之处在于:信息采集层只需使用交通流参数采集设备,如环形线圈、微波雷达、视频等检测设备,采集包括速度、流量、密度、占有率及车头时距等交通流数据;潮汐车道控制层需根据控制策略,完成设定的切换流程,保证通行的高效与安全;信息发布层需通过增设的地面标线、指示标志、车道信号灯等,将控制层制定的可变车道信息发布给驾驶人。

3.2.2.2 管控方案设计

1. 控制策略

(1)基于车速的控制策略

该策略根据车辆的速度情况来控制车道的行驶方向。当双向车速较快时,车道方向维持不变；当某个方向车速较低时，将行驶较快方向的车道提供给行驶速度较慢的方向。这种策略比较简单易行，但是可能会导致车流量不平衡，引发拥堵。

（2）基于密度的控制策略

该策略根据车辆密度情况来控制车道的行驶方向。当双向车流密度较小时，车道方向维持不变；当某个方向车流密度较大时，将密度较小方向的车道提供给密度较大的方向。这种策略能够避免车流量不平衡的问题，但是需要实时监测车流密度。

（3）基于预测模型的控制策略

该策略通过预测未来的车流情况（如车速、密度或流量）来控制车道的行驶方向，控制手段与基于车速以及基于密度的控制策略类似。这种策略能够更好地预测交通拥堵情况，但是需要较为复杂的预测模型和数据支持。

2. 切换流程

潮汐车道通行方向切换流程主要可分为三个阶段：

1）当某方向交通流量较大，需要开启潮汐车道时，潮汐车道上方信号变为指向朝上的白色箭头"↑"（此处宜配合分车道标志进行设置），如图3-12a所示。此时车辆被允许驶入潮汐车道。注意，此时应已经清空了潮汐车道内的对向车流。

2）当要终止潮汐车道的使用时，潮汐车道上方的信号灯首先变为斜指黄色箭头"↘"，如图3-12b所示，该方向的车辆就不能再驶入潮汐车道，已经驶入的车辆应尽快驶离当前车道；之后车道信号灯变为红色"×"形，如图3-12c所示。

3）潮汐车道两端的车道信号灯将保持一段时间全红，以便能够清空潮汐车道内的车辆，此全红时间与潮汐车道的总通行时间有关。之后，对向车辆可使用该车道通行，即完成了潮汐车道通行方向的转变。

清空车辆期间，在条件允许的情况下，交通管理部门宜通过执勤车辆或视频监控等对潮汐车道内车辆滞留情况进行巡查，并及时督促车辆驶离，以保证通行安全。

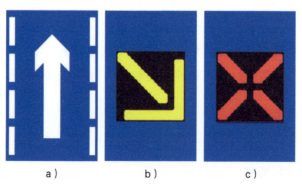

图3-12 潮汐车道信号灯示意图

3. 路段交通组织方式

（1）地面标线

在潮汐车道设置过程中，一般而言为了实现车道变换，保证车辆能够顺利进出可变车道，道路上不应存在物理隔离设施。在对道路做潮汐车道改造时，需将潮汐车道的两侧的标线改为双黄虚线，此双黄虚线将潮汐车道跟其他车道分隔开，并可在潮汐车道上标注文字"潮汐车道"，潮汐车道标线如图3-13所示，线宽为15cm，线段与间隔长度应与同一路段的可跨越同向车行道分界线一致，两条黄色虚线的间距宜为10~15cm。

（2）增设指示标志

需增设潮汐车道预告提示标志，其设置原则如下：第一，潮汐车道预告提示标志提前在潮汐车道路段前300m进行设置，一般应重复设置；第二，潮汐车道预报提示标志要明确写出潮汐车道的使用起止时间段；第三，提示信息要简洁、清晰，便于驾驶人快速接收信息，如图3-14所示。

 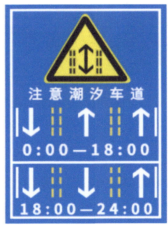

图3-13 潮汐车道标线　　图3-14 潮汐车道预告标志示例

（3）车道标志与信号灯

注意潮汐车道标志用以警告车辆驾驶人注意前方为潮汐车道，如图3-15所示，设在潮汐车道路段起点前适当位置。

车道信号灯一般采用门架式或者悬臂式安装，这样有利于驾驶人及时、准确地接收到可变车道路权信息。车辆在驶入潮汐车道路段后，需要严格按照信号控制，将路权唯一化，避免事故发生。

车道信号灯正反面应同时设置，对于潮汐车道以外的其他车道上方，应设置车道行驶方向标志，也可统一采用LED

图3-15 注意潮汐车道标志

屏显示车道行驶方向标志和潮汐车道信号灯。

由于现行标准中车道信号灯中的绿色向下箭头与信号灯中的绿灯颜色相同，容易产生混淆，因此在实际潮汐车道设置时，可参考上海、杭州、深圳等地的做法，可将车道信号灯的设置与车道方向指示标志相互结合。潮汐车道控制灯采用红叉（"×"表示本车道禁止通行）与白色车道行驶方向指示箭头（"↑"表示本车道的行驶方向）的组合方式。该方式采用白色车道行驶方向指示箭头代替了绿色向下的车道信号灯，可在一定程度上避免与交叉口的信号灯颜色产生混淆。设置示例如图 3-16 所示。

图 3-16　车道信号灯与车道指示标志设置示例

3.2.3　动态路肩

动态路肩，也被称为部分时段路肩使用控制、临时路肩使用。它是一种根据预测或观察到的交通状况，实时动态启用路肩为行车道的一种主动交通管控策略，是解决交通系统内拥堵和可靠性问题的一种管控策略，在无法增加车道的情况下，具有实际应用价值以及成本效益。但这一策略对设施本身的路面等有一定要求，在能确保安全的情况下，它可以经济有效地解决道路通行能力有限的问题。它也可以与其他诸如动态车道控制、动态出入口控制、匝道控制、排队预警等主动交通管控策略协同实施，兼容性较好。

动态路肩策略主要在一天中相邻车道可能严重拥堵的时段启用，如高峰时段检测到拥堵时，或因事故与施工导致部分车道关闭时。当不需要将路肩作为额外车道时，应当及时将路肩恢复为原始用途，同时要注意向驾驶人做好引导和信息提示。

动态路肩策略的作用和潜在效益包括：

1）减少高峰时段常发性交通堵塞。路肩作为车道可以增大容量，提高道路通行能力，提升服务水平；

2）当路肩作为对公交车的控制策略时，即仅供公交车使用，可以通过提高公交车行程时间的可靠性来增大公交出行的客流量；

3）与多增加车道相比，能以最小的成本提供临时短期效益，经济性高；

4）减少行程时间，提高行程可靠性。

3.2.3.1 实施基本条件

1. 道路条件

1）硬路肩的宽度、结构和质量要能够承受车辆的正常行驶，宽度一般在 3m 以上，结构与质量应与正常车道相当或更好。

2）硬路肩的长度至少能够覆盖拥堵或事故发生的区域。

3）硬路肩要有足够的应急停车区域或者出口以供应急车辆使用。

2. 交通条件

1）快速路存在明显的交通需求波动或拥堵现象，如早晚高峰期、节假日、事故发生时等。

2）动态路肩启动路段应具有明显的通行能力瓶颈，结束路段是瓶颈恢复处。

3）快速路应有合理的交叉口与匝道设计，避免影响动态路肩的使用效果，如设置专用的进出口车道，进行可变限速控制、匝道控制等。

3. 配套设施

动态路肩控制系统的构成与功能与可变限速控制系统类似，其信息采集层、数据传输层、控制层、信息发布层可参考可变限速控制系统布设。以下具体介绍动态路肩控制系统的信息采集层与信息发布层。

信息采集层的功能是通过布设在快速路沿线的交通检测设备，获得实时、准确的道路交通流运行状态。动态路肩控制系统要求快速路应具备足够的交通流量监测和分析能力，通过使用线圈、雷达、摄像头等设备，收集和处理实时的交通流数据，确定动态路肩的使用时机。信息采集层的关键在于，保证检测到的交通状态和天气条件尽可能的准确。

信息发布层组成与功能如下。

（1）车道标志

硬路肩允许行驶标志表示该处硬路肩允许车辆通行，一般需设置辅助标志说明硬路肩允许通行的时间。硬路肩与行车道之间的标线是白色实线，提示驾驶人这里非特殊情况不能跨越。图 3-17a 表示硬路肩允许行驶路段开始，设在硬路肩允许行驶路段的起点处；图 3-17b 表示硬路肩允许行驶路段即将结束，车辆应尽快合流，设在合流点前适当位置；

图3-17c表示硬路肩允许行驶路段结束，设在硬路肩允许行驶路段的终点处。图3-17中所示的三种硬路肩专用标志适用于单向二车道型快速路。除此之外可以根据实际情况调整为单向三车道型或单向四车道型等。

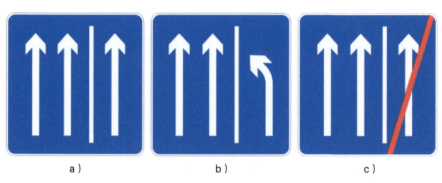

图3-17 硬路肩允许行驶标志

（2）车道信号灯

动态路肩一般与可变限速协同使用，其车道信号灯应与可变限速LED信号灯保持一致。车道信号灯的状态如表3-2所示。日常状态下，信号灯处于黑屏状态，表示硬路肩关闭，驾驶人在非紧急情况禁止占用硬路肩。若需要开放硬路肩时，首先，信号灯处于红"×"状态，表示管理者需通过摄像机全面检查硬路肩内是否有障碍物妨碍车辆通行。在检查完毕后，指示器处于绿"↓"状态，表示硬路肩开启，定向、定车型的驾驶人通行；也可以与可变限速协同使用，显示该车道的限速值。在硬路肩开放路段的终点，信号灯黄"↙"状态，表示前方硬路肩关闭，驾驶人需向左驶出硬路肩。

表3-2 硬路肩车道信号灯状态及含义

状态	含义	提示对象
■	硬路肩关闭，非紧急情况禁止占用硬路肩	驾驶人
✕	全面检查硬路肩，在硬路肩开放前，让管理者通过摄像机全面检查硬路肩内是否有障碍物妨碍车辆通行	管理者、驾驶人
↓ 60	硬路肩开启	驾驶人
↙	前方硬路肩关闭，向左驶出硬路肩	驾驶人

（3）可变信息板

常规状态下，可变信息板上会提示本车道的行驶规则，如限速值等，在遇到特殊情况时，也会出现其他管理指令和信息。在早晚高峰拥堵，或者前方遇到特殊事件如事故需要利用硬路肩作为行车道时，这些可变信息板会改变提示内容，显示新的行车道使用规则，其使用示例如图 3-18、图 3-19 所示。

图 3-18　只有去往 M40 号公路的车辆才可以使用硬路肩通行

图 3-19　硬路肩可变信息板和通常与后边的常规指路标志配合使用

3.2.3.2　管控方案设计

1. 基本策略

在为路肩是否开放选择适当的决策参数时，有三个主要参数：

1）时间参数，可预先确定路肩的开启时间（如高峰期或节假日）；

2）流量参数，当流量达到某个阈值则动态开启路肩，预防拥堵发生；

3）速度参数，当速度降至一个阈值则动态开启路肩，即对已发生的拥堵做出反应。

此外，还有基于预测模型的动态路肩策略，其基本思想是通过交通流模型来预测未来的交通流情况，然后根据预测结果来制定路肩开放方案。这种算法的优点在于能够准确地预测未来的交通流情况，缺点在于需要较长的计算时间。

开启路肩不是瞬时过程，因为做出这一决策之前需要收集实时数据，将数据传输到运输管理中心并进行处理，由系统或操作员决定开启或关闭路肩。动态路肩策略通常与其他策略一起实施，例如可变速度限制、动态车道使用控制和匝道控制。

2. 动态运行条件

交通拥堵由车流量增大或道路通行能力降低导致，因此硬路肩开放条件为：在高峰期，包括日常高峰期和节假日，快速路路段发生严重拥堵；普通车道上发生无人员伤亡的交通事故；普通车道占道养护施工。并且要考虑在交通拥堵发生前主动管控，因此，在硬路肩开放断面前100m处产生拥堵时，应开放硬路肩。

当检测到拥堵缓解时，可以关闭硬路肩，其条件为：第一，交通拥堵缓解，未来两个15min的预测流量保持降低趋势；第二，普通车道上发生有人员伤亡的交通事故，需要关闭硬路肩以供救援车辆的畅通行驶；第三，硬路肩内发生车辆故障或交通事故。

对于连续多个硬路肩开放/关闭断面，需要考虑上述开放/关闭条件以及断面状态的连续性。以连续4个断面为例，可以得出如图3-20所示的运行流程。其大致思路为：首先判断准备开放的硬路肩上有无交通事故或其他阻碍车辆通行的障碍，若有，则不能开放硬路肩；其次根据当前硬路肩起点开启情况与前后两个硬路肩起点开启情况，判断是否应该开启或关闭硬路肩，其基本原则是保证硬路肩开启与关闭的连续性；最后还需要根据上述硬路肩开放与关闭的条件进行判断，如开放断面前100m是否拥堵，以及未来两个15min的预测流量是否保持降低趋势，以此来确定硬路肩是应该开启还是关闭。

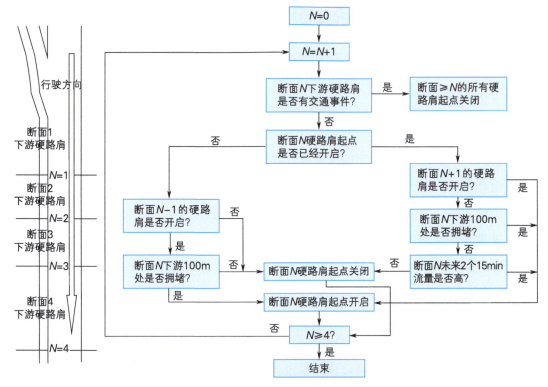

图3-20　硬路肩动态运行条件及流程

3. 开放与关闭过程

动态路肩启动时,快速路主线各断面的车道信号灯指示驾驶人如何使用硬路肩。图 3-21 所示即为硬路肩开放的过程,从左边第一张图开始按时间与行驶方向向右逐渐变化,原来的红"×"逐渐变为限速标志(限速标志应按照可变限速控制系统所制定的限速值显示),表示硬路肩开始开放,车辆可以进入行驶。一般需配合可变信息板,规定行车道使用规则。

图 3-22 所示的为硬路肩被关闭的过程,从左边第一张图开始向右逐渐变化,首先是限速值改为向左下角的箭头"↙",表明硬路肩即将关闭,提示车辆尽快驶离本车道;最终信号灯变为为红"×",表明禁止使用硬路肩。

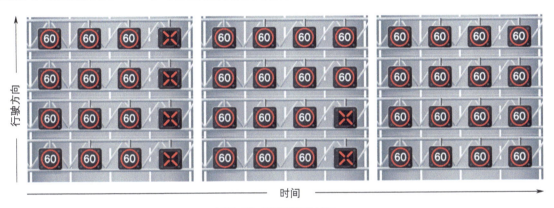

图 3-21 硬路肩开放过程

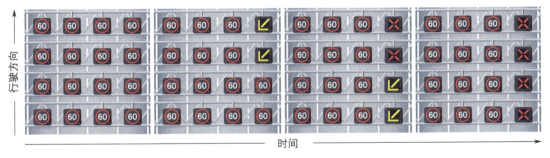

图 3-22 硬路肩关闭过程

3.2.4 拥堵预警

拥堵预警也叫排队预警,是基于实时交通检测数据,在道路上实时显示拥堵预警信息(通常采用动态信息标志,配以闪烁的指示灯),提醒驾驶人前方有较长排队或有明显减速现象,让驾驶人可以预见即将发生的紧急刹车和减速行为,从而有助于减少一次事故和二次事故的发生,可降低事故严重程度;减小了速度差,使交通流更流畅,提高行程时间可靠性；减少排放、噪声、燃油消耗。静态拥堵预警标志的设置不在主动交通管理策略的范围之内，因为它常应用于基于历史数据已知拥堵点之前的特定位置。动态拥堵预警策略具有根据交通状况自动化实时调整定位拥堵位置的能力。

拥堵预警策略中，如果标志或设备设置不当，会出现队列过长以至于驾驶人在看到标志之前已经被迫减速或排队的情况；另一方面如果放置的位置离预测点过远，驾驶人会过早看到标志，提前减速，将增加行程时间且降低驾驶人对拥堵预警系统的信任度。因此，需要根据排队情况的变化定期监测动态信息标志的位置是否合理。拥堵预警策略可以与动态车道控制、可变限速、动态出入口控制、动态路肩控制等策略协同使用，且兼容性较好。

3.2.4.1 实施基本条件

1. 适用场景

拥堵预警策略适用的场景主要有以下三种。

1）经常出现拥堵的路段。

2）在可预测地点频繁排队的路段。

3）视距受垂直坡度、平曲线或照明较差限制的路段。

2. 配套设施

拥堵预警系统的构成与功能与可变限速控制系统类似，其信息采集层、数据传输层、控制层、信息发布层可参考可变限速控制系统布设。以下具体介绍拥堵预警系统的信息采集层与信息发布层。

信息采集层的功能是通过布设在快速路沿线的交通检测设备，获得实时、准确的道路交通流运行状态。通常使用的交通信息采集设备包括线圈、雷达、视频监控、浮动车等，对快速路主线车流拥堵情况进行动态感知。信息采集层的关键在于保证检测到的交通拥堵情况尽可能准确。

信息发布层的功能是将拥堵预警信息通过可变信息标志发布给驾驶人，是拥堵预警系统的终端。目前，拥堵预警信息的发布一般采用"LED 图形 + 文字可变信息标志"，可变信息标志通过可变化的图形、文字，向驾驶人提供动态交通信息，主要包括交通运行信息、交通事件信息、道路施工信息、交通管制信息、气象环境信息及管理辅助信息等，帮助驾驶人优化通行路线，减少行车时间，平衡路网交通运行。可变信息标志实际应用示意图如图 3-23 所示。

图 3-23　可变信息标志在快速路中应用实例

中国智能交通协会发布的 T/CITSA 11—2021《道路交通可变信息标志技术规范》中规定了可变信息标志的式样、版面、材料、性能、设置安装方法、组织发布信息等具体要求。可变信息标志版面传递的信息应清晰、明确、简洁，信息更新应及时，信息内容应可靠。可变信息标志的版面道路形状应根据所实际路网形状，可做适当变形，变形应考虑比例协调，易于辨识，不应失真。可变信息标志发布的信息应保证时差性和准确性，发布到可变信息标志的实时信息应和实际交通路况信息时差不超过 5min，准确性应不低于 85%。可变信息标志通过图形显示交通状态时，红色表示堵塞，黄色表示拥挤，绿色表示畅通，玫红色表示道路封闭。设计实例可参考图 3-24 所示。

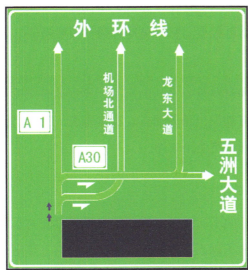

图 3-24　可变信息标志示例图

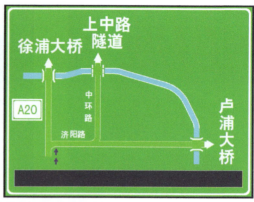

图 3-24 可变信息标志示例图（续）

3.2.4.2 管控方案设计

拥堵预警系统可根据历史和实时交通参数对当前发生的拥堵范围进行检测或者对未来可能发生的拥堵状态进行预测，可以有效地减少交通拥堵，提高道路使用效率。以下是几种典型的拥堵预警策略。

1. 系统预测法

根据历史数据和当前交通状况，预测未来的交通流量，并提前发出预警信息。这种策略需要准确的数据和强大的计算能力，但是可以在较长时间范围内提前预测交通状况，从而有效地减少拥堵。

2. 动态阈值法

根据交通状况动态调整拥堵预警阈值。当交通流量超过某个阈值时，系统自动发出预警信息，提醒驾驶人采取措施。这种策略可根据实际情况动态调整预警阈值。

3. 智能控制法

利用智能交通技术，通过车载设备和道路设备之间的通信，实现即时交通信息交换和分析。当交通状况发生变化时，系统会自动发出预警信息，提醒驾驶人采取措施。这种策略可以实现实时控制和优化交通流，提高道路使用效率。

3.2.5 定向车道

定向车道是指车道根据预设方向到达的不同地点，指定某车道仅供驶向规定地点、规定方向的车辆使用，驶向其余地点方向的车辆不得驶入的专用车道。它主要用来解决快速路、桥梁、隧道等城市主要路段的车辆换道导致的通行效率下降和交通秩序混乱的问题。定向车道的设置使该方向车辆从专用车道入口驶入、从专用车道出口驶出，车辆进入定向车道后在到达终点之前不能随意驶出该车道，其他车道车辆仅允许在入口处驶入定向车道，进而避免车辆随意换道、穿插行驶，保证本车道车流不受其他车道车辆换道、交织行为影响，保证稳定运行，提高通行效率；在高峰运行时段，它可以使整体通行速度更快，通行效率更高；此外，定向车道发生交通事故的概率会降低，提升通行安全。

3.2.5.1 实施基本条件

1. 道路条件

1）单向车道数大于等于 3 车道，且车道宽度大于等于 3.25m 的重要通道。

2）定向车道与相邻车道用实线分隔。

3）定向车道宜长度至少为 1km，不超过 3km。

2. 交通条件

1）专用定向车道出口的交通流稳定运行，道路服务水平等级为 C 级，饱和度小于 0.75。

2）专用定向车道设置路段实际通行能力接近或大于设计通行能力，饱和度接近 1 或大于 1，道路服务水平大于 C 级，处于 D 级或 E 级。

3）定向车道宜仅允许小客车通行，不宜允许大型车辆通行。

3. 配套设施

定向车道尚属一种新兴的交通组织设计方式，国内外缺乏对于定向车道配套设施设置要求的统一规范。目前仅可参考重庆市主城区对于定向车道设置的相关规定，其典型的配套设施如下（图3-25）。

1）路段标识，包括入口距离预告标志、变道抓拍标志、车型限制标志、终点提示标志和配套的指路标志。

2）路面标识，包括绿色抗滑薄层、路面提示文字。

3）管控设施，包括电子警察监控杆。

3.2.5.2 管控方案设计

图 3-25 定向车道部分配套设施

1. 定向车道设置方式

1）可设置为内侧式定向车道，即在道路上车辆行驶方向的最左侧布设定向车道，此时车道相对独立、不受最外侧车道汇入或分流的影响，车道间的横向干扰较少；也可设置为外侧式定向车道，即在道路上车辆行驶方向的最右侧布设定向车道，此时除起点和结束点位置，全段不设置开口。

2）按设置时间可分为设置全时段定向车道和限时段定向车道。设置全时段定向车道时，全天候禁止随意驶入或驶出；设置限时段定向车道时，通常该路段特定时段内（如早晚高峰等特定时段）为定向车道，其他时段取消限制。

3）通常设置单车道为定向车道，对道路条件要求较低，且对其他正常行驶方向车道影响较低。对于特定方向车流量较大且道路基本条件较好（5车道及以上）可设置多车道定向车道，且在多车道定向车道内部车辆可自由换道。

2. 起点交通控制

定向车道起点交通控制包括定向车道起点预告标志的前置距离与间隔距离，以及起点交织区设计等。

（1）起点预告标志设置要求

定向车道起点预告标志设置的目的是避免车辆集中在起点附近换道，主要采用设置预告标志、标线的方法，令换道车辆在到达起点前完成换道，避免在起点处出现强行变道、加塞等驾驶行为。预告标志设置距离可按表3-3所示设置。将设计速度为60km/h的道路预告标志牌分为4级预告设置，设计速度为80km/h的道路预告标志牌分为3级预告设置，其中标志1~5即为定向车道起点标志牌，需要在标志牌上注明当前位置到定向车道起点的距离。

表3-3 定向车道预告标志设置表

设计车速/ （km/h）	单向车道数	预告标志与定向车道起点距离/m				
		标志1	标志2	标志3	标志4	标志5
60	3	0	100	500	500	1000
	4					
80	3	0	300	500	1000	—
	4			800	1500	

（2）入口交织区设置要求

交织区的提示设施一般包括定向车道预告标志牌与地面预告标志，提示驾驶人在靠近定向车道起点前完成换道。此外，还可以在定向车道起点前路段车道两侧设置黄色虚线以提示车辆即将进入定向车道，其设置长度应大于与另一侧车道车辆换道至该车道的换道距离。地面预告标志及入口交织区设置如图3-26所示。

图 3-26　定向车道地面预告与入口交织区设置示意图

3. 路段监控

定向车道的起点与路段中均需设置监控设施，俗称"电子警察"。在定向车道起点处设置电子警察时，需将电子警察设置于定向车道入口前方，使之能够抓拍违章变道进入定向车道的车辆，除此之外，此电子警察还应对超速车辆进行抓拍。通过控制车辆变道位置及行车速度来减小起点处的事故率，以及提高断面通行能力。在路段中设置的电子警察主要抓拍违法变道车辆，保证设置定向车道的路段通行能力接近于理想状况。监控设施设置间距为 500m，在弯道处应考虑视线盲区而适当增设摄像头，可以安装在路侧或者安装在车道上方的龙门架。

4. 动态控制

对于交通量变化没有统一规律的道路，可以对定向车道的运行状态进行动态控制。其核心在于检测起终点路段的实时交通量，以及对路段交通量进行短时预测，并根据预测结果提前改变定向车道的状态。检测器应分别设置于定向车道起点路段和终点路段，定向车道启动和关闭则可利用可变信息情报板实现。将可变信息情报板设置于定向车道起点之前，在情报板上实时显示当前的定向车道状态，显示为开启时该车道作为定向车道使用，显示为关闭时该车道作为普通车道使用。为避免中间路段汇入快速路主线的车辆不能辨别定向车道的状态，应在汇入交通量较大的上匝道或主线进出口间距较小的路段，设置可变信息情报板进行提示。情报板设置示例如图 3-27 所示。

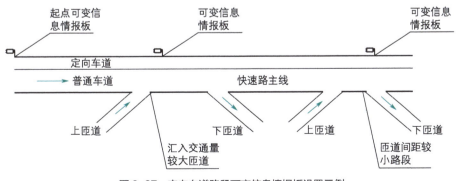

图 3-27　定向车道路段可变信息情报板设置示例

定向车道动态控制还可以使用可移动护栏防止车辆违规变道。可移动护栏的设置受定向车道状态的控制,当定向车道处于开启状态时,可移动护栏移动至定向车道与相邻普通车道的分隔线处,使定向车道与普通车道实现空间上的隔离,保证车道内部的车辆不受普通车道交通流的影响。同理,在定向车道处于关闭状态时,可移动护栏应移动至原来位置。此处的可移动护栏应使用智能化护栏,能够实现分块移动,避免同时移动时对道路上行驶车辆造成严重影响。且智能化护栏应配置警示灯,护栏在移动之前警示灯应闪烁,提示后方车辆护栏将要开始移动。

第 4 章　匝道交通组织设计

Chapter Four

作为衔接快速路与地面路网的关键节点，匝道的设计与组织管理水平直接影响快速路与地面道路系统的正常运行。合理的出入口匝道交通组织对于充分利用快速路通行能力，改善交通条件，预防交通拥堵，协调稳定快速路与关联道路运行状态，以及提高道路服务水平都有着关键作用。

4.1　入口匝道交通组织设计

入口匝道交通组织是城市快速路的主要交通控制措施，它能有效改善快速路的运行状况，其根本目标是控制快速路的交通需求，使快速路主线交通流的运行状态保持在平稳水平，如图 4-1 所示。

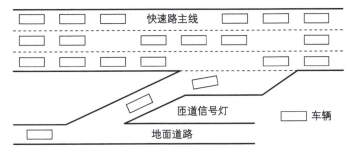

图 4-1　入口匝道交通组织

入口匝道组织的主要功能是避免交通拥堵、减少事故数量、降低事故发生后果程度，主要作用有：

1）减少快速路主线上车辆的总行程时间；

2）消除或减少车辆从入口匝道进入合流区的冲突和事故；

3）改善快速路主线的车流状况，提高驾驶人的舒适度。

入口匝道通常没有独立的信号灯，当需要控制驶入匝道的车辆时，在入口匝道的起始端根据车道数设置车道信号灯,绿色箭头灯亮时,准许本车道车辆按指示方向通行,红色叉形灯亮时,禁止本车道车辆通行;当需要控制匝道汇入主线的车辆时,在入口匝道汇入端设置机动车信号灯,并配合施划相应的停止线。

在入口匝道组织设计时需要考虑一系列因素,包括:入口匝道的长度、入口匝道与主线的衔接方式等,其中入口匝道的长度尤为重要,如图4-2所示。入口匝道最小长度应当满足安全、效率等目标,因此需要满足以下各项条件。

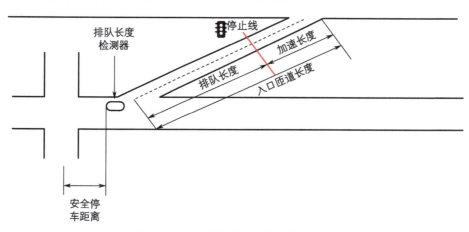

图4-2 入口匝道长度设计的标准组成部分

1. 安全停车距离

从衔接的地面交叉口驶入入口匝道并加入排队末尾,需要一定的停车距离。该停车距离的计算类似于停车视距,即车辆在停止之前行驶的反应时间距离和制动距离之和。这是从排队末尾到地面交叉口应提供的最小距离,用于安全停止驶入入口匝道的车辆。计算安全停车距离的公式如下:

$$X = vt + \frac{v^2}{2gf} \tag{4-1}$$

式中 X——安全停车距离(m);

v——车辆行驶速度(m/s),依据设计速度确定;

t——停车反应时间(s),一般取2.5s;

g——重力加速度(m/s²),9.8 m/s²;

f——摩擦系数,一般正常干燥路面取0.6。

2. 最大排队长度

当入口匝道信号控制为红灯时,驶入的车辆会停在停止线后形成排队,排队长度检测器可实时检测入口匝道的最大排队长度。当交通需求大于入口匝道的通行能力时,最大排队长度不是一个定值，而是随着时间的延长将持续增加，此时应该提供交通诱导转移匝道流量，或关闭匝道；当交通需求小于入口匝道的通行能力，不存在二次排队时，最大排队长度估算方法如式（4-2）：

$$L = \frac{QR}{3600}\bar{l} \qquad (4-2)$$

式中　L——最大排队长度（m）；

　　　$\bar{l}$——车辆平均长度（m）；

　　　Q——入口匝道的高峰小时流量（veh/h）；

　　　R——红灯时长（s）。

3. 加速长度

加速距离是从入口匝道停止线到入口匝道与主线衔接的距离，当入口匝道信号控制为绿灯时，入口匝道的车辆被放行进入主线，这段距离用来加速从而获得安全的汇入主线速度。图 4-3 和表 4-1 给出了不同入口匝道坡度下，从停止到加速至不同等级匝道要求的汇入速度的速度-距离曲线。

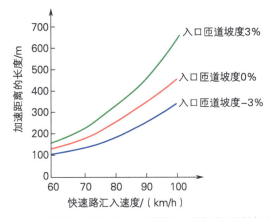

图 4-3　不同汇入速度和入口匝道坡度下的加速距离的长度

表 4-1　不同汇入速度和入口匝道坡度下的加速距离的长度

汇入速度 /（km/h）	入口匝道坡度（%）		
	-3	0	3
60	90	112	150
70	127	158	208
80	180	228	313
90	248	323	466
100	331	442	665

4.2 入口匝道控制

交通流量较大的城市快速路，一般采用入口匝道控制方式来调节主线流量，常用的方法有关闭控制、汇入控制两种。

4.2.1 入口匝道关闭控制

入口匝道关闭控制的实施通常根据交通流量、高峰时段、紧急情况和特殊事件等情况而定，在匝道进口设置车道信号灯，并配置可变信息标志，以提供驾驶人关于开放或关闭的信息。

匝道关闭通常在高峰时段、紧急情况、特殊事件或道路维护期间可能被实施，以控制匝道车辆流量并防止拥堵。此时，车道信号灯显示红色叉号时，表示该车道关闭，车辆不能从匝道进入主线道路。而在交通流量较低、高峰期结束、事件解决或工程完成时，可重新开放。此时，车道信号灯显示绿色箭头时，表示该车道开放，允许车辆从匝道进入主线道路。

4.2.2 入口匝道汇入控制

实施汇入控制方式时，在匝道汇入段入口处设置信号灯，配合停止线控制车辆汇入。下面主要介绍四种控制方法，包括单点匝道静态控制、单点匝道动态控制、多匝道动态协调控制和入口匝道与交叉口协同控制。

4.2.2.1 单点匝道静态控制

单点匝道静态控制是在某个时间段内以固定的匝道调节率，来控制单个入口匝道进入主线车辆数的方法。入口匝道上安装交通控制信号灯，以限制进入快速路主线的交通流量，保证快速路主线以较高服务水平运行，同时增加车流汇入时的安全性。

1. 实施基本条件

在快速路入口附近交通流量较大、易产生交通拥堵条件下，可以实施入口单点匝道静态控制方法，需保持快速路主线上和入口匝道交通流量之和小于其下游通行能力。设入口匝道上游交通需求为 $Q1$（veh/h），匝道下游交通通行能力为 $Q2$（veh/h），匝道入口处进入快速路的期望交通流量为 C（veh/h），则：

1）当 $Q2 > Q1+C$ 时，即入口匝道进入快速路主线的交通流量和主线上游进入下游的交通流量之和，低于主线下游的通行能力，此时不需要进行匝道调节；

第 4 章 匝道交通组织设计

2）当 $Q2 < Q1$ 时，即快速路容量已达到饱和，主线已经发生拥挤，可以暂时关闭入口匝道；

3）当 $Q1 < Q2 < Q1+C$ 时，可在一定的调节率和调节周期下进行匝道调节。

入口单点匝道静态控制依赖于交通信号灯控制，因此需要确保交通设施的安装和运作条件，其调节率是相对固定的，不需要采集实时的交通数据，通常根据历史交通流等数据估算得到，并预先设定在信号控制机内。

入口匝道的道路设计和条件应当适合实施入口单点匝道静态控制。例如，需要有足够的排队长度和加速长度、合适的道路宽度和布局。

2. 主要控制策略

根据每个周期放行的车辆数以及入口匝道车道数，单点匝道静态控制还可以进一步分为以下三类。

（1）单车道单车辆放行

单车道单车辆放行控制策略，是在每个信号周期内只允许匝道方向一辆车进入快速路。这种控制策略的显著特点是绿灯和黄灯时长之和，需要保证一辆车能通过停止线，如图 4-4 所示。

（2）单车道多车辆放行

单车道多车辆放行的控制策略，是在每个信号周期内允许两辆或更多的车辆进入快速路，如图 4-5 所示。这种控制策略的显著特点是：每个信号控制周期内允许放行两辆或更多的车辆；由于当车辆数增加时，该策略需要更长的绿灯和黄灯时间，从而导致信号周期更长、一小时内的周期数减少。因此，单车道多车辆放行策略相比于单车道单车辆放行策略，并不会大幅增加通行能力。

（3）多车道多车辆放行

（图中表示每次绿灯亮起时，每条车道允许通过一辆车）
图 4-4 单车道单车辆放行信号控制

（图中表示每次绿灯亮起时，这条车道允许通过两辆车）
图 4-5 单车道多车辆放行信号控制

多车道多车辆放行的控制策略需要入口匝道至少有两条车道，这类控制策略的主要特点有：每个车道上都有一个信号控制机；两个车道的信号控制不会同时显示绿灯；多车道的入口匝道为排队车辆提供了更多的道路空间。

3. 管控方案设计

上述三类单点匝道静态控策略对应的信号控制配时方案设计如下。

（1）单车道单车辆放行

信号周期时长通常取 5s，绿灯时长 2s、黄灯时长 2s、红灯时长 1s。此时入口匝道能进入快速路的最大流量为 720veh/h。

（2）单车道多车辆放行

如果每个周期最多放行两辆车，那么信号周期时长通常取 6~6.5s，此时入口匝道能进入快速路的最大流量为 1100~1200veh/h，可见每个周期最多放行两辆车，相比于单车道单车辆放行并不会使最大流量增加一倍。

（3）多车道多车辆放行

信号控制配时方案设置使得两个车道的车辆之间的车头时距为常数，此时入口匝道能进入快速路的最大流量为 1600~1700veh/h。

单点匝道静态控制方法相对简单，成本较低，控制系统也较容易实现。该方法的主要缺点是不能根据实时的交通状况改变控制策略，不能适应交通状况的变化，对于交通拥堵、紧急交通事件、交通事故等缺乏相应的处理能力，不适用于重要路段和交通流量较大的路段。

4.2.2.2 单点匝道动态控制

单匝道动态控制利用实时检测及预测数据来替代历史统计数据，信号控制策略能对实时检测信息做出响应，可有效解决单点匝道交通拥堵问题。典型的单点匝道动态控制方法有需求—容量差额控制法、占有率法、线性状态调节控制法（ALINEA）。

1. 实施基本条件

相比于静态控制，入口单点匝道动态控制基于实时交通状况，通过采集和分析入口匝道及周边道路的实时交通数据，并借助交通信号灯或其他交通设施，灵活地调整交通控制策略，以适应交通动态变化情况。在实施前需要对交通设施、技术支持和数据处理系统进行充分的准备和优化，以确保动态控制的有效性和可持续性。其实施的基本条件包括但不限于以下几点。

实时交通数据采集与分析系统：需要建立先进的实时交通数据采集及预测系统，包括交通流量监测、车辆速度检测、拥堵检测等，以获取准确、全面的交通信息。建立高效的交通数据分析与处理系统，能够实时监测交通状况，进行数据处理与预测，并为动态控制策略的优化提供支持。

交通信号控制设施：确保交通信号控制设施的完备性和先进性，能够实现动态调整交通信号灯相位和时长，以响应实时交通状况。

道路设施支持：入口匝道及周边道路应配备先进的交通设施，以便根据交通状况实时调整道路配置。

2. 主要控制策略

（1）需求—容量差额控制法

需求—容量差额控制方法的基本原理是，当入口匝道下游主线路段占有率小于设定的阈值时，入口匝道允许放行的车辆数是入口匝道下游主线路段的通行能力与入口匝道上游主线路段的交通量的差值；否则，入口匝道允许放行的车辆数取最小值。

需求—容量差额控制法是开环控制，且算法没有考虑入口匝道的排队长度，控制后的微小变化无法反映给系统，再进一步实现优化，所以它往往不能达到理想的控制效果。

（2）占有率法

占有率法的控制原理是通过测量快速路的路段占有率，利用经验公式估算匝道下游主线路段剩余通行能力 Δq_{cap}，如果实测匝道下游的快速路的路段占有率比临界占有率小，Δq_{cap} 为正，否则为负。

占有率法与前面的需求—容量差额控制法都属于前馈控制，缺乏反馈机制，系统的稳定性即抗干扰能力相对较差，因此往往不能达到很好的控制效果。

（3）线性状态调节控制法（ALINEA）

线性状态调节控制方法（ALINEA），能有效解决上述两个单点匝道动态控制方法缺乏反馈机制这一问题。它是基于经典自动控制理论建立的一种具有反馈机制的控制方法。它的基本控制原理是在上个控制时段内的入口匝道调节率的基础上，对当前控制时段内的入口匝道调节率不断进行调整，使得快速路主线下游的密度/占有率尽量维持在理想状态。

相比需求—容量差额控制法和占有率法，ALINEA 能对微小的差异进行平滑处理，能有效防止拥堵发生，且该方法原理简单、易实现、费用少，适用于单入口匝道控制。但 ALINEA 算法没有预测机制，不能很好地处理交通流量突变的情况。

3. 管控方案设计

（1）需求—容量差额控制法

需求—容量差额控制模型如下：

$$r(k)=\begin{cases}q_{\text{cap}}-q_{\text{in}}(k-1) & O_{\text{out}}(k-1)\leqslant O_{\text{cr}}\\ r_{\min} & O_{\text{out}}>O_{\text{cr}}\end{cases} \quad (4-3)$$

式中 $r(k)$——第 k 个控制时段中的快速路入口匝道调节率（veh/h）；

q_{cap}——入口匝道下游主线路段的通行能力（veh/h）；

$q_{\text{in}}(k-1)$——第 $k-1$ 个控制时段中匝道上游快速路主线的流量（veh/h）；

$O_{\text{out}}(k-1)$——第 $k-1$ 个控制时段中匝道下游快速路主线的占有率；

O_{cr}——临界占有率，取值一般为 0.18～0.31；

$r_{\min}$——入口匝道允许放行的最小车辆数（veh/h）。

（2）占有率法

占有率控制模型表达式如下：

$$\Delta q_{\text{cap}}(k)=\begin{cases}q_{\text{cap}}\left(1-\dfrac{O_{\text{out}}(k-1)}{O_{\text{cr}}}\right)^{2} & \text{当}\ O_{\text{out}}(k-1)\leqslant O_{\text{cr}}\\ -q_{\text{cap}}\left(1-\dfrac{O_{\text{out}}(k-1)}{O_{\text{cr}}}\right)^{2} & \text{当}\ O_{\text{out}}(k-1)\geqslant O_{\text{cr}}\end{cases} \quad (4-4)$$

$$r(k)=\begin{cases}r_{\max} & \text{当}\ O_{\text{out}}(k-1)\leqslant \dfrac{2}{3}O_{\text{cr}}\\ \Delta q_{\text{cap}}(k) & \text{当}\ \dfrac{2}{3}O_{\text{cr}}<O_{\text{out}}(k-1)\leqslant O_{\text{cr}}\\ r_{\min} & \text{当}\ O_{\text{out}}(k-1)>O_{\text{cr}}\end{cases} \quad (4-5)$$

式中 $\Delta q_{\text{cap}}(k)$——第 k 个控制时段中的下游主线路段剩余通行能力（veh/h）；

$r_{\max}$——入口匝道允许放行的最大车辆数（veh/h）。

（3）线性状态调节控制法（ALINEA）

ALINEA 的基本模型如下：

$$r(k)=r(k-1)+K_{\text{R}}\left[O_{\text{cr}}-O_{\text{out}}(k-1)\right] \quad (4-6)$$

式中 K_{R}——变换系数，一般取值为 70veh/h；

$r(k-1)$——第 $k-1$ 个控制时段入口匝道调节率（veh/h）。

（4）单点匝道动态控制方法对比

由于占有率法和需求—容量差额控制法都属于前馈控制，且占有率法相比于需求—容量差额控制法更复杂。因此，下面以需求—容量差额控制法和线性状态调节控制控制方法（ALINEA）为代表，就两种方法在系统稳定性、适用交通状态、控制效果、控制参数等方面进行比较（表 4-2）。

表 4-2 单点匝道动态控制方法对比

对比维度	需求—容量差额控制法	ALINEA
控制类型	前馈控制	反馈控制
系统的稳定性	根据下游主线占有率对入口匝道调节率进行调整，调节率变化不大	入口匝道调节率考虑了上个周期的调节率，因此调节率变动小，稳定性好
适用交通状态	适用于畅通、轻度拥堵的交通状态	适用于畅通或轻度拥堵，对于偶发性交通拥堵处理能力较强
控制参数	快速路主线下游占有率状态、主线下游通行能力	快速路主线下游占有率状态、上一控制周期入口匝道调节率
控制效果	往往不能达到理想的控制效果，因为控制后的微小变化无法反映给系统，再进一步实现优化	对于微小的差异进行平滑处理，能有效防止拥堵发生，且原理简单、易实现、费用少

4.2.2.3 多匝道动态协调控制

多匝道动态协调控制既有协调控制的特征，又有动态控制的特征，控制范围为快速路道路系统局部区域部分匝道，采用实时检测或预测数据代替历史数据作为控制决策的依据。该控制策略可分为状态调节器控制、启发式协调控制和拥堵驱动的多对象级联疏解算法。

1. 实施基本条件

从交通流角度，多匝道动态协调控制适用于高密度交通流的道路网络，特别是在交通拥堵频繁的局部区域，能够优化多匝道间交通流的分配，避免拥堵集中在某一特定匝道。实施动态协调控制需要考虑交通流量随时间的动态变化，能够根据不同时段的交通情况，调整交通信号灯的相位和时长。

从交通设施角度，需建立先进的实时交通数据采集系统，包括交通流量监测、车辆速度检测、拥堵检测等设施，以获取准确的实时交通信息；在多匝道区域，交通信号设施应具备协调和动态调整功能，能够根据实时数据调整信号相位和时长。各个交通信号控制设施之间应建立通信设施和互联互通，实现交通信号的同步调整和协同控制。

2. 主要控制策略

（1）状态调节器控制

状态调节器控制是一种线性二次型反馈控制，其基本控制策略是把匝道控制当作一种状态调节器，理想情况下的系统状态和控制模型都设为线性函数，系统的性能指标设为系统状态及控制变量的二次函数，目标函数一般是最小化系统实际状态和目标状态之间的偏差量平方和，控制过程中加入了反馈机制来求解调节率。对于大规模问题，由于矩阵规模过大求解困难，一般对矩阵进行分布化处理，因此所求得的入口匝道调节率通常并非为最优解，可能是次优解或次次优解。

该控制方法的思路和求解都非常简单，因此应用十分广泛。它的主要优点是本身含有反馈机制，能有效减少系统误差、保持系统稳定，以及减少外界噪声对系统的干扰。由于预设的理想情况下的系统状态是线性的，如果系统发生了剧烈扰动，如交通需求突变或异常事件引发的交通拥堵等，使得系统偏离理想状态，此种情况下可能达不到理想的控制效果。

（2）启发式协调控制

启发式协调控制是一种结合单点和协调层面求解匝道调节率的控制方法，在单点层面，采用需求—容量差额控制法、占有率控制法或 ALINEA 等方法；在协调层面，没有明确的目标函数，只有概念上的控制目标，如避免快速路主线路段拥堵，基于检测器数据和经验计算得到匝道调节率，或者对单点层面求得的调节率进行调整，并不会实时进行最优求解。

此外，还有一种简单的方法，这一类方法在单点层面使用占有率法获得每个入口匝道的调节率；在协调层面利用流量守恒原理可获得各个入口匝道的调节率；取每个入口匝道单点和协调获得的调节率较小的值，作为最终的调节率。

（3）拥堵驱动的多对象级联疏解算法

多对象级联疏解算法主要为两个部分。首先，基于历史路网交通数据或人工经验，甄别出快速路的常发拥堵点段，通过交通监测点获取所述常发拥堵点段上下游的主线、入口匝道、出口匝道的检测数据，通过融合上述检测数据得到所述常发拥堵点段的交通状态，进行交通拥堵等级判定。其次，根据所述常发拥堵点段的交通拥堵等级，协同执行每个交通控制点的控制方案，包括匝道信号调节、主线与匝道车道交替放行控制、主线分段限速控制、诱导屏信息诱导、互联网导航诱导，以及拥堵点段上游入口匝道、出口匝道关联地面路口的交通信号控制。

以快速路主线与入口匝道交汇区场景（图4-6）为例，在区域内设置交通监测点3个，监测点1负责常发拥堵点上游路段交通状态，监测点2负责检测交汇区及下游路段交通状态，监测点3负责监测入口匝道的交通状态；设置交通控制点8个，包括信号控制点4个（①、②、⑥、⑦），其中①、②为拥堵点段直接关联的入口匝道与主线信号控制点，⑥、⑦为根据交通流溯源分析得到的流量关联入口匝道信号控制点；固定位置诱导发布控制点两个（③、④），可变限速控制点1个（⑤），互联网信息发布控制点1个（⑧）。

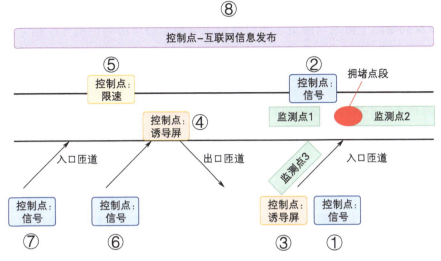

图 4-6 多对象级联疏解控制

3. 管控方案设计

针对拥堵驱动的多对象级联疏解控制方案，从交通拥堵等级判定和协调联动控制两个步骤开展管控方案设计。

（1）交通拥堵等级判定

根据道路交通拥堵造成道路上车辆排队的影响范围和严重程度，进行交通拥堵等级判定。交通状态为畅通时，为不执行应急响应；交通状态为汇入缓行时，为四级应急响应；交通状态为拥堵缓行时，为三级应急响应；交通状态为一般拥堵时，为二级应急响应；交通状态为严重拥堵时，为一级应急响应。

1）畅通状态：上游+匝道交通需求＜下游通行能力，且拥堵点的上下游畅通无排队。

2）汇入缓行状态：上游+匝道交通需求≤下游通行能力，上、下游车速低于指定速度，且无排队。

3）拥堵缓行：上游+匝道交通需求≥下游通行能力，或下游排队长度 Q_{out} 大于指定值 M，且上游无排队。

4）一般拥堵：上下游出现排队（$Q_{in}>N$，$Q_{out}>M$）。

5）严重拥堵：上下游出现排队（$Q_{in}>$ 上游排队最大监测值，$Q_{out}>$ 下游排队最大监测值），且持续时间≥ P。

（2）协调联动控制

对于不同的交通拥堵状态针对入/出口匝道、主线车道、出口匝道关联地面路口、主线上游车速、主线将到达车辆等对象，组合使用匝道交通信号调节、主线与匝道车道交替放行控制、主线分段限速控制、近端诱导屏信息诱导、互联网导航远端诱导分流控制等调控模式，以及拥堵段上游入口匝道、出口匝道关联地面路口协同控制等控制方法，按照先近端后远端，先调节后关闭的处理原则，设计相应管控方案，开展快速路拥堵段的疏解调控。

1）畅通状态：不执行应急响应管理。所有交通信号控制点采用关灯或常绿控制方案，诱导发布控制点控制方案内容为空，可变限速控制点保持路段最高限速值，互联网信息发布控制点控制方案内容为空。

2）汇入缓行状态：执行四级应急响应管理。如图4-6中上游匝道信号控制点⑥、⑦用关灯或常绿控制方案、下游匝道信号控制点①和下游主线交通信号控制点②采用交替通行信号控制方案，控制主线外侧车道与匝道车辆安全高效合流；上游诱导发布控制点④发布信息"前方××车道交替通行控制，注意控制车速"，匝道诱导屏控制点③发布信息"匝道信号控制，注意交通信号"；上游可变限速控制点保持路段最高限速值，互联网信息发布控制点控制方案内容为空。

3）拥堵缓行状态：执行三级应急响应管理。上游匝道信号控制点⑥、⑦采用关灯或常绿控制方案，下游匝道信号控制点①采用匝道调节信号控制方案，入口匝道k时间点的调节率$R(k)$按照需求–通行能力控制模型计算。

$$R(k) = \begin{cases} V_{cap} - V_{in}(k-1), & O_{out} \leq O_{cr} \ or \ (Q_{out} > M, Q_{in} = 0) \\ R_{min}, & else \end{cases} \quad (4-7)$$

式中　　V_{cap}——下游通行能力；

　　　　V_{in}——上游车流量；

　　　　O_{out}——下游占有率；

　　　　O_{cr}——下游临界占有率；

　　　　Q_{out}——下游排队长度；

　　　　Q_{in}——上游排队长度；

　　　　R_{min}——入口匝道的最小调节率。

下游主线交通信号控制点②根据下游匝道信号控制点①的放行情况协调信号进行交替通行控制；上游诱导发布控制点④发布信息"前方××车道交替通行控制，注意控制车速"，匝道诱导屏控制点③发布信息"匝道信号控制，注意交通信号"；上游可变限速控制点保持路段最高限速值，互联网信息发布控制点控制方案内容为空。

4)一般拥堵状态：执行二级应急响应管理。下游主线交通信号控制点②、上游匝道信号控制点⑥、⑦采用关灯或常绿控制方案，下游匝道信号控制点①关闭；上游诱导屏控制点④发布信息"前方拥堵，请在××出口驶出"，匝道诱导屏控制点③发布信息"匝道关闭，请在××绕行"；上游可变限速控制点下调限速值开始分级限速；互联网信息发布控制点发布信息"××快速路××入口匝道关闭，请……"。

5)严重拥堵状态：执行一级应急响应管理。下游匝道信号控制点①关闭，下游主线交通信号控制点②采用关灯或常绿控制方案，上游匝道信号控制点⑥、⑦控制点按照溯源分析的流量比开始小步距动态截流控制，调整上游匝道信号控制点⑥、⑦控制点匝道的流入率；匝道诱导屏控制点③发布信息"匝道关闭，请在××绕行"，上游诱导屏控制点④发布信息"前方严重拥堵，请在××出口驶出"；可变限速控制点进一步下调限速值，降低拥堵点段车辆到达率；互联网信息发布控制点发布信息"××快速路××位置严重拥堵，××入口匝道关闭，请……"；此处溯源分析是指追溯拥堵点段的车辆所来自的上游匝道入口，得到在各个上游匝道入口流入的车流量比。

4.2.2.4 入口匝道与交叉口协同控制

针对城市快速路入口匝道"进不去"的现象，通过衔接的地面道路交叉口信号对入口匝道的需求进行控制，实现入口匝道与地面交叉口的协调控制，有效减少入口匝道和交叉口拥堵，提高道路通行效率与安全性。

1. 实施基本条件

从交通流角度，入口匝道与交叉口协同控制适用于快速路入口匝道存在超长排队现象，导致交通拥堵，影响整体通行效率；快速路主线上和入口匝道交通流量之和小于其下游通行能力。

从交通设施角度，实施入口匝道与交叉口协同控制需要配备有效的排队检测设施，能够准确监测快速路入口匝道的排队情况，提供实时排队长度等数据；需配备先进的信号控制机，能够实现交通信号相位的协同调整，使得入口匝道和交叉口的信号灯在协同控制下实现优化配时。

2. 主要控制策略

针对城市快速路入口匝道"进不去"的现象，通过衔接的地面道路交叉口信号对入口匝道需求进行控制，实现入口匝道与地面交叉口的协调控制。基本的控制策略包括：

1)快速路主线路段上车辆优先通行；

2）快速路入口匝道控制区域的通行权，要高于衔接的地面道路交叉口的通行权；

3）入口匝道与主线上游流入的交通流量之和，不能超过主线下游的通行能力；

4）入口匝道的车辆排队不能影响到地面道路的正常运行；

5）控制的目标函数是使得快速路与关联地面道路的总体利益最大化；

6）当入口匝道与关联的地面道路交叉口区域拥堵时，需采用一定的策略诱导车辆选择其他道路。

以上几条中，1）、2）、3）是为了保证快速路主线路段上的车辆正常运行；4）是保证与入口匝道衔接的地面道路的正常运行，避免完全牺牲地面道路的利益换取快速路的畅通、导致整个城市路网的效益降低、交通系统瘫痪；5）是使得总体的效益最大化；6）是利用先进的诱导技术，使得车辆在整个交通路网系统中分布均衡。

快速路入口匝道与地面交叉口协调控制主要有以下两种策略：一是当快速路主线的流量小于其通行能力时，优先放行地面交叉口关联相位车辆，同时保证其他流向损失利益最小；二是当快速路入口匝道存在超长排队时，提前结束地面交叉口关联相位的绿灯时间，当交叉口关联相位的排队长度大于最大排队长度时，启动上游可变信号情报板提示拥堵。该策略的目的是在保障快速路主线畅通运行的前提下，通过提前激活或结束地面交叉口关联相位的绿灯来调节入口匝道的交通需求。

（1）地面交叉口关联相位绿灯提前结束策略

为了保证快速路主线充分发挥其通行能力，采用ALINEA等入口匝道控制技术。地面交叉口的关联相位绿灯时间提前结束的基本原理如图4-7所示，信号相位初期维持初始绿灯时长 g_{b0}，当达到 t_{sg}（绿灯提前结束判断开始时刻）时，开始用检测器检测入口匝道是否有超长排队，如果直到 t_e（判断结束时刻），入口匝道的排队长度仍然没有超过最大排队长度，则维持原来的优化方法；如果检测出超长排队，则继续判断交叉口关联相位的绿灯时长是否大于其最小绿灯时间。当交叉口关联相位的绿灯时长小于其最小绿灯时间时，继续维持原方案；当绿灯时长大于其最小绿灯时间时，判断该相位排队长度是否超过其最大排队长度，如果超过最大排队长度，则在地面道路可变信息板显示"快速路拥挤，入口匝道关闭"，并提前结束地面交叉口关联相位绿灯，如果未超过最大排队长度，则继续显示绿灯。

（2）地面交叉口关联相位绿灯提前激活策略

当快速路主线流量较小，而入口匝道衔接的地面道路流量大时，地面交叉口信号控制关联相位绿灯提前激活。首先，判断地面交叉口与入口匝道关联相位的排队长度是否大于预设的排队长度，如果是，则说明地面路段流量大。其次，判断快速路入口匝道的排队长度是否大于最大排队长度，如果是，则再判断当前执行的其他相位绿灯时间是否大于最小绿灯时间。如果是，则继续判断该相位绿灯提前结束后引起的排队长度是否不超过最大允许排队长度。如果是，则采取提前激活地面交叉口关联相位绿灯。判断过程中如果任何一个条件为否，将继续目前相位绿灯，不做任何改变，以一定的时间步距不断重复判断，直到判断结束时刻。

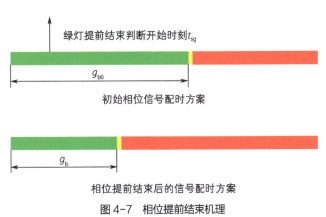

图 4-7 相位提前结束机理

3. 管控方案设计

（1）地面交叉口关联相位绿灯提前结束策略

1）相位提前结束开始判断时刻。通常当地面交叉口关联相位达到其最小绿灯时长时，信号控制系统开始判断入口匝道上是否存在超长排队，考虑到信号控制系统计算优化方案所需时间 λ，相位提前结束开始判断时刻 t_{sg} 为：

$$t_{sg}=g_{s,min}-\lambda \quad (4-8)$$

式中 $g_{s,min}$——地面交叉口关联相位最小绿灯时长（s）；

λ——信号控制系统计算优化方案所需时间（s）。

2）判断步距。为及时实施地面交叉口关联相位提前结束的控制策略，判断步距 Δt 通常取 1s。

3）地面交叉口关联相位提前结束的协调整合控制流程图如图 4-8 所示。

（2）地面交叉口关联相位绿灯提前激活策略

地面交叉口关联相位绿灯提前激活策略中，相位提前激活开始判断时刻和判断步距与关联相位绿灯提前结束策略的对应计算方法一致。地面交叉口关联相位提前激活的协调整合控制流程图如图 4-9 所示。

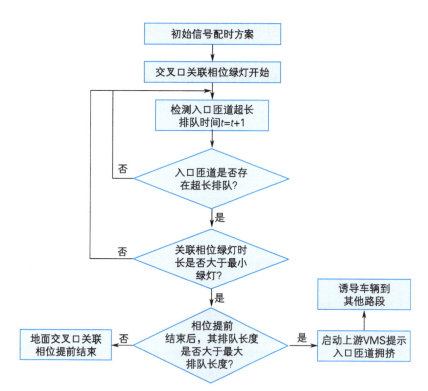

图 4-8 地面交叉口关联相位提前结束控制流程

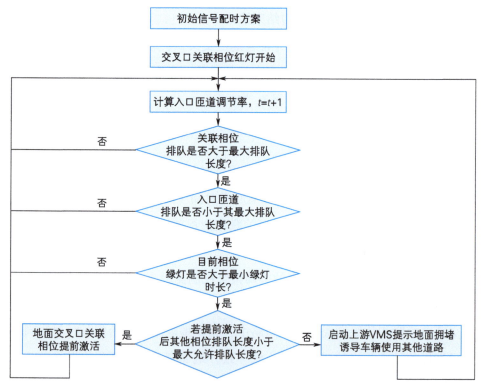

图 4-9 地面交叉口关联相位提前激活控制流程

4.3 出口匝道交通组织设计

4.3.1 地面交织区类型

1. 混合交织区（Ⅰ型）

出口匝道与地面道路接点位于路侧，关联交叉口进口道车道的左转、直行和右转直接按照从左到右的顺序布置，交通流在交织区中自由交织，出口匝道交通流和地面道路交通流之间不设分隔。以图4-10为例，这一交织区组织形式要求地面道路右转交通流变道到进口道最右侧，并且要求出口匝道左转车辆变道到进口道最左侧，两个变换车道的方向相反，交织形式较为复杂。

2. 左转交织区（Ⅱ型）

出口匝道与地面道路接点位于路中，关联交叉口进口道车道的左转、直行和右转按照从左到右的顺序布置，交通流在地面交织区中自由交织，出口匝道交通流和地面道路交通流之间不设分隔。如图4-11所示，在出口匝道落点位于路中时，地面道路右转交通流可在落点上游提前变道，不需要在交织段与出口匝道交通流交织；出口匝道左转交通流需要和地面交通流交织，进入位于最左侧的左转专用进口车道。

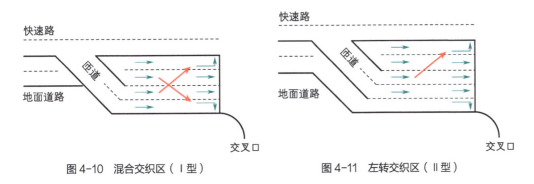

图4-10　混合交织区（Ⅰ型）　　　图4-11　左转交织区（Ⅱ型）

3. 右转交织区（Ⅲ型）

出口匝道与地面道路接点位于路侧，关联交叉口进口道车道的左转、直行和右转直接按照从左到右的顺序布置，交通流在地面交织区中自由交织，出口匝道交通流和地面道路交通流之间不设分隔。如图4-12所示，地面道路右转交通流需要与出口匝道交通流交织，进入位于最右侧的交叉口进口道右转专用车道。

4. 无交织（Ⅳ型）

出口匝道与地面道路接点位于路中，出口匝道交通流和地面道路交通流之间划线或设置实体分隔，出口匝道和地面道路交通流不需要交织，如图4-13所示。

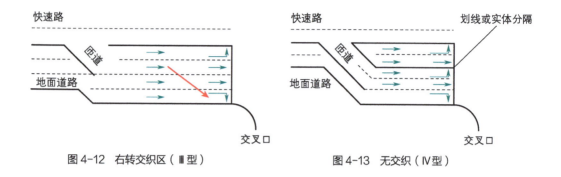

图 4-12 右转交织区（Ⅲ型）　　　　图 4-13 无交织（Ⅳ型）

4.3.2 地面交织区交通组织设计

城市快速路通过出口匝道把快速路主线的车辆疏散到地面道路。出口匝道发生的拥堵，除了导致下匝道车辆的延误和停车次数显著增加之外，还有可能使得排队蔓延到快速路主线，阻碍快速路主线车辆正常通行，降低快速路主线的通行能力。

为了缓解不同方向车流交织导致地面交织区通行能力下降的问题，提升交织区的通行能力，对地面交织区的交通组织应遵循减少地面交织区变道需求、减少变道所需跨越的车道数的基本原则。

地面交织区的交通组织需解决两个主要问题：横向的交叉口进口道车道功能分布和纵向的车道分隔禁止变道措施设置。通过这两个要素可以得到出口匝道关联地面交织区的具体交通组织形式。另外，当交叉口对某些转向进行禁限时，可以简化进口道所需的车道功能，有助于减少地面交织区的交织需求，提升通行能力。

1. 交叉口进口道功能分布设置

地面交织区中交织交通流的产生原因，是出口匝道与地面道路的接点和下游关联交叉口车道功能分布的错位。因此，地面交织区的设计应考虑出口匝道与地面道路的接点位置，以及出口匝道交通流在关联交叉口的各转向交通需求，确定对关联交叉口进口道车道功能分布进行特殊布置。

进口道车道功能分布可以分为常规设计和特殊设计。常规设计指按照通常平面信号控制交叉口的进口道车道功能分布设计模式，将左转和掉头功能设置在最左侧车道，右转功能设置在最右侧车道，直行功能设置在中间车道或和相邻的转弯功能组成混合车道。特殊设计则指进口道车道功能分布中掉头、左转、直行和右转功能并非依次从左侧车道到右侧车道的设计模式。

采用常规设计的优点在于方便信号配时方案的设计。在此设计模式下，进口道各转向均可以在同一相位放行，对应流向交通流的运行轨迹不会发生冲突，在设计信号配时方案时可以灵活选择在同一相位或不同相位放行进口道不同流量的交通流。

常规设计的缺点在于，根据快速路出口匝道在地面道路的落点横向位置，产生的交织需求量和需要跨越的车道数量均有不同。如果落点和主要需求转向对应车道的位置存在错位，会引起大量变道需求，降低地面交织区通行能力。可以设置常规设计的落点位置和对应需求特点如下。

1）出口匝道在关联交叉口直行或左转需求较大，其他转向需求较少，出口匝道落点位于左侧，如图 4-14 所示。

2）出口匝道在关联交叉口直行或右转需求较大，其他转向需求较少，出口匝道落点位于右侧，如图 4-15 所示。

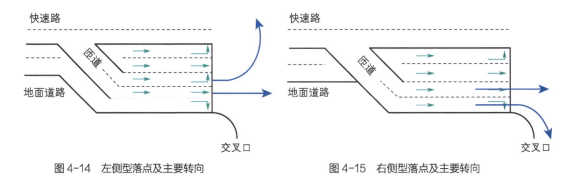

图 4-14　左侧型落点及主要转向　　　　图 4-15　右侧型落点及主要转向

3）出口匝道在关联交叉口直行需求较大，其他转向需求较少，或左、右转需求与直行基本相当，出口匝道落点位于路中，如图 4-16 所示。

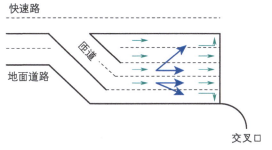

图 4-16　路中型落点及主要交织方向

特殊设计适用于出口匝道交通流在关联交叉口的主要转向需求，与常规设计中该转向车道位置无法对正，从而产生大量变道需求的情况。特殊设计中，需要把出口匝道的主要转向需求对应的转向功能，设置在与出口匝道落点位置对应的位置，如图 4-17a 所示。同时，可以考虑把地面和出口匝道同一转向对应的进口道车道尽量设置在相邻位置，如图 4-17b 所示。

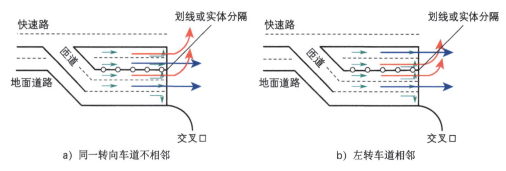

a) 同一转向车道不相邻　　　　b) 左转车道相邻

图 4-17　进口道车道功能分布特殊设计

特殊设计的缺点在于，由于掉头、左转、直行和右转功能并非依次从左侧车道到右侧车道设置，不同转向的交通流在交叉口内部形成冲突，如图 4-17 所示，需要通过信号控制，在不同相位放行不同转向，在时间上消除冲突，信号控制方案的设计不如常规设计灵活。

对于掉头需求，当出口匝道在关联交叉口的掉头需求较大时，出于使掉头车辆快速通过交叉口和方便大型车辆掉头的考虑，应根据出口匝道落点的位置，采用特殊设计，把掉头功能设置在路中或右侧车道，通过分相位信号控制，在时间上消除与其他转向的冲突，如图 4-18 所示。

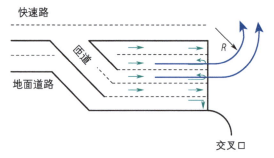

图 4-18　掉头车道功能及地面交织区特殊设计

2. 车道分隔措施设置

为了减少由变道行为引起的地面交织区通行能力下降，可以考虑设置划实线或者设置护栏等实体分隔措施，分隔地面道路交通流和出口匝道交通流，杜绝两者之间的交织行为。无分隔措施和有分隔措施的两种纵向地面交织区交通组织形式如图 4-19a 和图 4-19b 所示。

需要注意的是，若采用有车道分隔措施的交通组织形式，可能会引起分配给地面道路和出口匝道的特定转向车道的通行时空资源不均衡，导致一侧通行能力不能满足需求，另一侧通行时空资源被浪费。

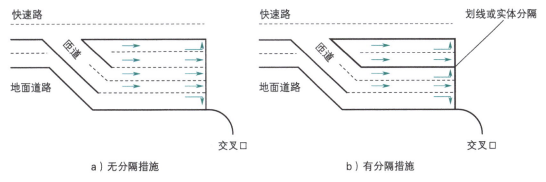

图 4-19 两种纵向地面交织区组织形式

3. 关联交叉口禁限措施

在关联交叉口采取禁限措施，禁止某些转向，对于关联交叉口本身，信号控制方案较为简单，相位数减少，损失时间减少，交叉口本身通行能力增加。同时，禁止某些转向后，不需要设置被禁止的转向专用进口道，地面交织区内部变道需求减少，地面交织区的通行能力提升。设置交叉口禁限措施的示例如图 4-20 所示。在交叉口设置禁左措施后，交织区中出口匝道无需考虑左转需求，配合右转提前变道设计，交织需求基本消除，地面交织区通行能力得以提升。

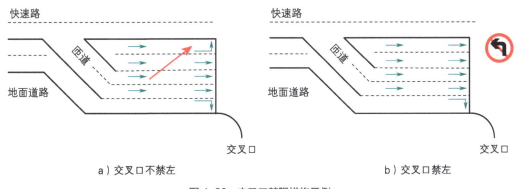

图 4-20 交叉口禁限措施示例

4.3.3 地面交织区功能预告标志

为了配合交织区交通组织方案的实施，尤其是采取了特殊交通组织方法的交织区，需要提前在出口匝道处提示驾驶人前方交叉口进口道的车道功能分布，使驾驶人尽快了解目标车道，充分利用整个地面交织段的长度完成变道，避免仓促强行变道而降低地面交织区服务水平。

车道功能预告标志的设置分为两部分。在连接地面交织区的各条道路，需要在进入地面交织区前先给出本路段车道在前方交叉口的功能分布，引导部分转向的车辆从该处开始提前变道，如图 4-21 中布置在地面道路上不同车道的标志①和标志③，以及布设在出口匝道上的标志②；在进入交织区后，需要给出地面交织区下游交叉口进口道的所有车道的功能分布，使驾驶人了解车道功能分布整体情况，进一步引导驾驶人，如图 4-21 中布置在交织区的标志④。如果地面交织区中有车道数变化，有进口道展宽或变窄等情况，建议在预告标志中体现。

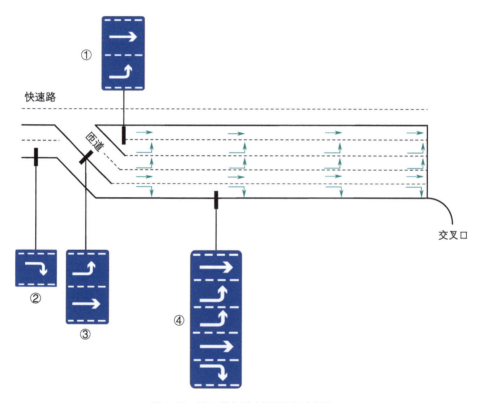

图 4-21　进口道车道功能预告标志布设

4.4　出口匝道相连交叉口控制

4.4.1　出口匝道相连交叉口可变车道

出口匝道相连交叉口可变车道的设置，可以根据不同车辆流量流向和交通控制需求，自动或手动变换导向方向的交叉口进口车道。通过动态调整出口匝道相连交叉口可变车道方向，可以根据实时交通需求进行灵活调控，减少不同流向间的冲突，提高道路通行效率，降低交通拥堵程度，节约道路资源。

4.4.1.1 实施基本条件

1. 实施出口匝道相连交叉口可变车道需满足以下道路条件

1）3 条导向车道及以上,且具备选择 1 条车道作为可变导向车道的条件。

2）导向车道及渐变段长度满足车辆排队需求,并具备驾驶人变换车道的空间。

3）同方向导向车道数不大于相应的出口车道数。

2. 实施出口匝道相连交叉口可变车道需满足以下交通流条件

1）某一导向方向时段性流量显著变化,且直行和转向交通流呈现一定互补性。

2）某一导向方向车辆排队过长严重影响驾驶人变换车道和路段通行。

3）通过信号配时优化不能有效适应交通流量变化和改善车辆排队过长状况。

3. 实施出口匝道相连交叉口可变车道需满足以下信号控制条件

1）设置专用直行或转向的独立信号相位。

2）可变导向车道指示标志支持手动或定时切换、自适应切换模式。

3）在可变导向车道自适应切换模式下,通过交通流检测器、交通信号控制机等实现可变导向车道指示标志自动切换。

4. 实施出口匝道相连交叉口可变车道需满足以下交通标志标线条件

1）在进口道渐变段与导向车道的衔接处,应设置车道行驶方向标志和可变导向车道指示标志;可变导向车道指示标志应与车道行驶方向标志颜色、规格协调一致。

2）在进口道渐变段起点以外、指路标志以内车道,宜设置提醒前方为可变导向车道的标志或路面文字标记。

3）可变导向车道标线应符合 GB 5768.3—2009 的要求。

4）可变导向车道停车线前方不应设置待转区。

4.4.1.2 主要控制策略

根据切换模式不同,出口匝道相连交叉口可变车道控制模式分为定时切换模式和自适应切换模式。

同时满足以下情况的,宜采用定时切换模式:

1）进口车道出现方向性不均衡交通流的时段较为集中、持续时间长。

2）进口车道直行或转向交通流量周期性变化规律明显。

同时满足以下情况的,宜采用自适应切换模式:

1）进口车道直行或转向交通流量波动大。

2）进口车道直行或转向交通流量周期性变化不明显。

3）进口车道设有交通流检测器，能够实时准确判别相关车道的通行状态。

4）可变导向车道指示标志支持通过交通流检测器、交通信号控制机等方式动态调整。

5）交通信号控制机支持感应或自适应控制方式，并能够实时响应可变导向车道指示标志的切换。

4.4.1.3　管控方案设计

出口匝道相连交叉口可变车道控制实施流程包括：

1）分析交叉口和匝道的交通流量流向分布规律及变化特征。

2）选择进口车道的直行与转向或转向之间相互切换对象，确定可变导向车道位置。

3）确定实施可变导向车道控制的时段范围。

4）设计可变导向车道交通流检测器布设方式、采集指标与状态判别方法。

5）设计可变导向车道切换规则和切换模式。

6）设计交叉口信号控制相位相序、配时方案及控制运行计划。

7）拟定交通信号控制预期的排队状态、平均延误等效益指标，以及实施评估、验证的方法。

实施出口匝道相连交叉口可变车道控制策略时，车道指示标志不宜频繁切换，应满足车辆变换车道需求和行车习惯。采用定时切换模式时，持续时间不少于30min；采用自适应切换模式时，持续时间不少于5个连续运行信号周期时长。

4.4.2　出口匝道相连交叉口信号控制

出口匝道相连交叉口信号控制优化措施，除了可以提升交叉口进口道本身的通行能力，也可以间接地通过降低排队长度，给出口匝道和地面道路交通流更充足的空间进行交织，进一步提升地面交织区的通行能力。

4.4.2.1　实施基本条件

从交通流角度，出口匝道相连交叉口信号控制适用于快速路出口匝道存在超长排队甚至排队蔓延到快速路主线现象，导致交通拥堵，影响整体通行效率，以及进口道转向交通流的通行资源供需矛盾突出的情况。

从交通设施角度，实施出口匝道相连交叉口信号控制需要配备有效的排队检测设施，能够准确监测快速路出口匝道的排队情况，提供实时排队长度等数据；需配备先进的信号控制机，能够实现交通信号相位的协同调整，使得信号灯在协同控制下实现配时优化。

4.4.2.2 主要控制策略

本节介绍两种基于排队检测的关联交叉口信号配时感应式控制策略，分别是关联相位绿灯时间延长和绿灯提前激活，其目的是在满足交叉口信号配时方案中，对关联相位的最小和最大绿灯时间约束的情况下，根据出口匝道交通流的实时通行需求，把尽可能多的通行时间资源给予出口匝道交通流，促进出口匝道排队快速消散，防止排队蔓延到快速路主线。

1. 关联相位绿灯时间延长优化策略

策略基于原信号控制方案。原来分配给关联相位的绿灯时间为 g_{r0}，在申请时刻 t_j，如果超长排队检测器检测到超长排队，则判断当前累计绿灯启亮时间 g_r 是否超过最大绿灯时间约束 $g_{r,\max}$，若未超过则增加绿灯时长 Δg。控制机理如图 4-22 所示。

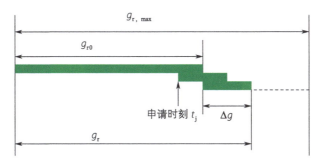

图 4-22 交叉口关联相位绿灯时间延长感应式控制机理

2. 关联相位绿灯提前激活优化策略

相位绿灯提前激活优化策略基于原有的信号控制方案。从超长排队判断时刻开始，若超长排队检测器检测到超长排队，则提前激活出口匝道关联相位绿灯。本策略控制机理如图 4-23 所示。

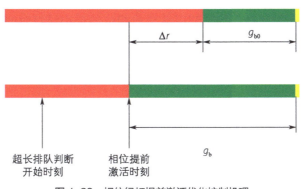

图 4-23 相位绿灯提前激活优化控制机理

4.4.2.3 管控方案设计

如图 4-24 所示，地面交织区采用了车道分隔措施，在地面交织区（图示位置）或出口匝道与主线汇合处放置超长排队检测器，检测出口匝道交通流的排队情况。对于采用有交织的地面交织区组织形式，可以改变检测器放置的横向位置，埋设在最容易引起出口匝道超长排队、通行资源供需矛盾突出的转向交通流对应的进口专用车道，通过减少排队长度最长的转向交通流的排队，防止超长排队影响交织区的服务水平和快速路主线的通行能力。

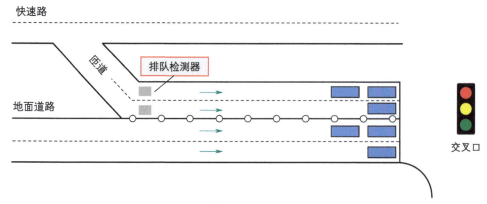

图 4-24　出口匝道超长排队检测器埋设位置

1. 关联相位绿灯时间延长优化策略

关联相位绿灯时间延长优化策略的流程如图 4-25 所示。

2. 关联相位绿灯提前激活优化策略

提前激活出口匝道关联相位绿灯需要满足以下两个条件：

1）提前绿灯结束相位绿灯时间，大于其最小绿灯时长。

2）提前绿灯结束相位及其他相位的排队长度，小于最大允许排队长度。

为此，规定超长排队判断开始时刻应从当前相位的最小绿灯时间减去计算优化方案所需时间 λ，即

$$t_b = g_{b,\min} - \lambda \quad (4-9)$$

式中　$g_{b,\min}$——当前相位的最小绿灯时间；

　　　λ——信号控制系统计算优化方案所需时间（s）。

关联相位绿灯提前激活优化策略流程图如图 4-26 所示。

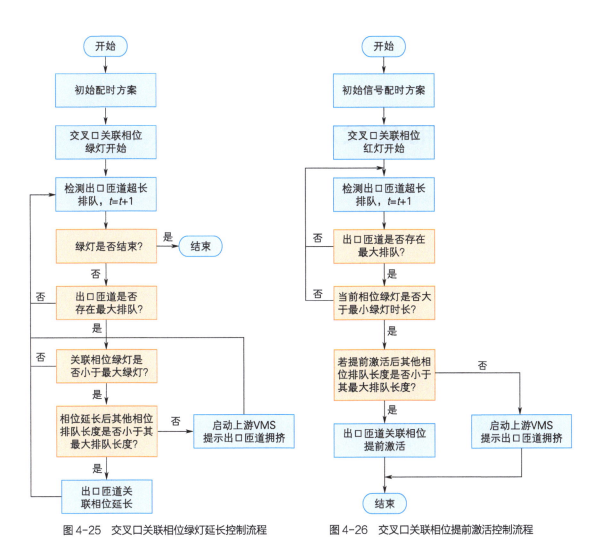

图 4-25 交叉口关联相位绿灯延长控制流程　　图 4-26 交叉口关联相位提前激活控制流程

第5章　辅路交通组织设计
Chapter Five

快速路辅路指设在快速路沿线的常规城市道路，并且通过匝道与快速路互通。城市快速路是城市交通的主要干道，重点承担中长距离的出行交通，其集散功能由快速路辅路承担。快速路辅路汇集附近路网的中长距离交通，并通过特定的地点（匝道）统一输送至快速路，快速路上的交通通过特定地点驶入快速路辅路，并疏解到附近路网中的交通吸引点。快速路主路与辅路的有效协同，可以实现城市中长距离交通的快速集散和输送。

5.1　辅路通行组织设计

5.1.1　出入口设计

5.1.1.1　辅路进出交通组织

辅路进出交通组织的内容涵盖沿线单位进出口优化组织设计、辅路车流上下匝道组织设计、辅路车流进入快速路主线组织设计、主线车辆进入辅路组织设计，以及相关的安全设计。

CJJ 129—2009《城市快速路设计规程》明确规定，主辅路之间必须设置隔离栅、两侧带，并控制开口。主路和辅路之间通过出入口进行交通转换，由于出入口连接距离较短，主路与辅路之间存在20~50km/h的速度差，而且车辆在出入口处实际的行车轨迹为S形，如果辅路进出交通组织设计上存在问题，会导致出入口处频繁出现交通拥堵，有的出入口甚至是事故多发地点，故设计人员应高度重视。

1. 沿线单位综合优化组织设计

在沿线单位辅路进出口组织设计中，建议在有支路开口的地方分隔有影响的出入口，保证辅路机非混行车流的安全性，如图5-1所示。例如，通过设置禁左标志、右转标志提示车辆只准右转；施划双黄线和单黄线禁止车辆跨越或压线行驶；设置隔离设施禁止车辆跨越，减少交通冲突。

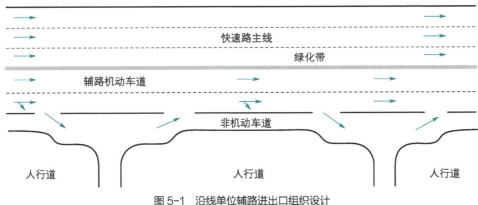

图 5-1 沿线单位辅路进出口组织设计

与单位出入口相交的辅路交通组织设计,可通过进出渠化标线来引导车辆进出单位;出单位的车辆需在单位出口处等待,寻找足够的车头间隙,避免干扰辅路车辆,同时保证进出车流的安全性,如图 5-2 所示。

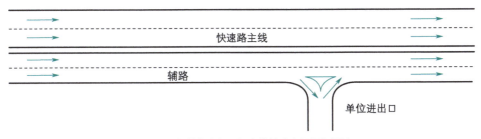

图 5-2 与单位出入口相交的辅路交通组织设计

2. 辅路车流上下匝道组织设计

辅路车流上下匝道优化设计,首先需完善道路交通标线与标志,合理分配上下匝道车流的通行权;辅路上下匝道车流量大的情况下可增设隔离设施进行车流分离,减少交通冲突;辅路应有足够的车道来匹配匝道车流进出主线;辅路车流上下匝道交织段采用虚实线结合分离合流和分流交通,引导分流发生在辅路交织段下游,合流发生在辅路交织段上游,如图 5-3 所示。

上匝道的起坡点与下匝道的终坡点在地面道路的位置,应符合 CJJ 129—2009《城市快速路设计规程》中的相关规定。

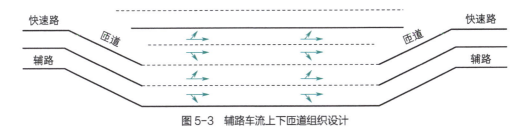

图 5-3 辅路车流上下匝道组织设计

1）下匝道坡脚至交叉口停车线间的距离宜大于或等于140m。

2）上匝道坡脚至交叉口停车线的距离宜为50~100m。

3. 辅路车流进入快速路主线组织设计

辅路车流进入快速路主线时，在主路出口后、入口前，辅路需设置独立的车道以满足车辆交通转化的功能，并通过交通标志和标线渠化来引导交通。若在辅路车流进入快速路主线处简单开口，没有加、减速车道，容易对主路及辅路通行能力造成影响，并容易诱发交通事故。因此，辅路车流进入快速路应设有一定距离的接入车道，保证辅路车流在主线车辆间找到足够的汇入间隙，从而保证快速路主线车辆的安全性；能够保证快速路主线车辆速度不受影响，从而保持快速路连续流特征，如图5-4所示。

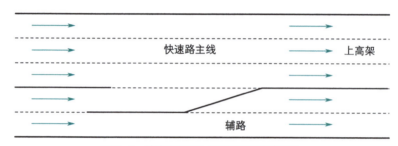

图5-4　辅路车流进入快速路主线组织设计

4. 主线车流进入辅路组织设计

主线车流进入辅路时，需要一体化考虑主线车辆进入辅路再进入沿线单位、支路；通过主线与辅路的绿化设施增加一个附加车道，给主线设置车辆待行区，使快速路主线车辆在辅路寻找到足够的汇入间隙，再行驶至单位进出口，如图5-5所示。在单位进出口处，宜设置接入车道，保证辅路车辆顺利通行，使得辅路车流不受主线车流汇入影响，保证辅路车流运行安全。

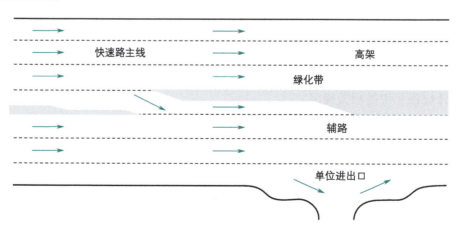

图5-5　主线车流进入辅路组织设计

5. 安全设计

由于辅路出入口路段存在速度差，且平车流面交叉冲突多，容易频繁出现交通拥堵，有的出入口甚至是事故多发地点。因此，需要在辅路进出交通组织设计中引入安全设计，引导车辆控制车速，保证辅路出入口通行安全。

在接入车道以及交织区车道施划纵向减速标线，通过行车过程中视觉上车道变窄形成压迫感，使驾驶人在需要减速的位置自动减速，起到预防交通事故的作用，保证辅路车辆安全运行。

纵向减速标线用两条与道路平行线平行的菱形块虚线表示，若中间为虚线，可以根据自己的路线在确保安全的前提下进行变道；但若中间是实线，则不能变道，即不可压线行驶，如图 5-6 所示。

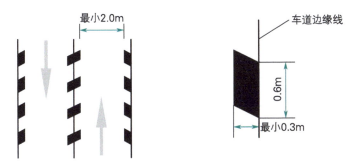

a）纵向减速标线

b）视觉障碍标线效果

图 5-6 纵向减速标线

5.1.1.2 辅路交叉口组织设计

1. 与支路相交的辅路交叉口组织设计

与支路相交的辅路交叉口组织应保证不影响辅路后续车辆通行；设置停车让行标志及标线，提醒驾驶人需停车让行再进入辅路；应当注意机非分离，避免非机动车干扰进出车辆，同时保证非机动车的安全性，如图 5-7 所示。

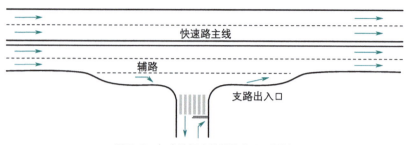

图 5-7 与支路相交的辅路交叉口设计

2. 一体化交通组织设计

辅路与单位、支路出入口、过街通道相交的一体化交通组织设计,适用于高架桥上跨且高架延伸距离比较长的路段;当过街通道距离交叉口较远、单位进出口多时宜考虑进行一体化组织设计;有较多的行人过街需求以及单位、支路掉头过街需求时应考虑进行一体化组织设计,如图 5-8 所示。

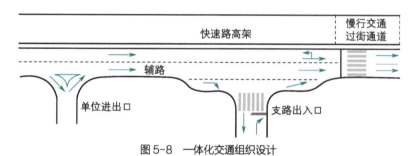

图 5-8 一体化交通组织设计

3. 辅路与其他道路交叉口信号控制

当快速路为高架快速路时,辅路设置于快速路中间,相交道路与辅路具有较高的交通需求,以及行人过街需求且交叉口采用信号控制时,宜采用整合交叉口时空资源的组织优化设计,如图 5-8 所示。

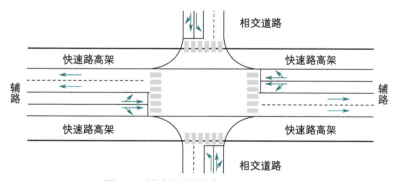

图 5-9 辅路与其他道路交叉口组织设计

当快速路下匝道与辅路相连时,其交通组织设计与出口匝道交通组织设计相同,可参见本书第 4.3 节。

5.1.2 公交停靠站设计

公交停靠站时的位置及常见设计形式，具体可参见行业标准 CJJ 136—2010《快速公共汽车交通系统设计规范》。

1. 设计位置

横、纵向各设计位置优缺点如表 5-1 和表 5-2 所示，在实际应用中应结合具体交通条件进行选取。

表 5-1 横向位置对比表

横向位置	优点	缺点
路边公交站	1）设置简单 2）公交车辆进出站时间短 3）乘客候车区域较为宽阔	1）占用机动车道（非机动车道） 2）干扰机动车 3）容易造成公交车辆的横向并排停靠，造成阻塞
港湾公交站	1）不占用机动车道 2）对机动车道车辆干扰小 3）公交车辆有序性好	1）公交车辆需返回机动车道，存在返回延误 2）占用较大的土地资源 3）进出站时间相对较长

表 5-2 纵向位置对比表

纵向位置	优点	缺点
交叉口上游	1）当下游交通量大时，减少冲突 2）乘客离人行横道最近 3）可能减少公交车的二次排队 4）允许乘客在红灯时上下乘客	1）增加了与右转车辆之间的冲突 2）停放公交车可能遮挡路边交通信号灯 3）公交车辆右侧停放车辆的左侧视距不足 4）加大了过街行人的视距问题
交叉口下游	1）减少与右转车辆冲突 2）上游右侧车道用于右转，从而增加右转的通行能力 3）最小化了接近交叉口视距问题 4）鼓励行人在公交车上游穿越街道 5）由于在交叉口减速，使得公交车在停靠站有更短的制动距离 6）公交车能够利用交叉口信号造成的间隙车流汇入正常车流	1）在高峰时，停靠的公交车可能排队至交叉口内，从而造成交叉口阻塞 2）可能引起横穿街道的行人的视距问题 3）可能造成公交车辆的二次停车
路段中间	1）最小化车辆和行人的视距问题 2）等待区域的拥挤降低	1）需要额外的禁止停车区域 2）乘客可能在路段上违章横穿道路 3）增加横穿街道乘客的步行距离

2. 常见设计形式

常见公交停靠站设计形式共有四种，主要与公交停靠站所处位置的交通设计条件相关。

1）辅路机非混行：可沿人行道设置港湾式公交停靠站，如图 5-10 所示。

图 5-10　辅路机非混行的公交停靠站设计方法

2）辅路慢行交通一体化：利用人行道多余宽度设置港湾式停靠站，非机动车道宽度不变，从公交停靠站后方绕行，如图 5-11 所示。

图 5-11　辅路慢行交通一体化的公交停靠站设计方法

3）公交停靠站与单位出入口一体化设计——路边式：考虑到单位出入口设置公交停靠站的情形较为常见，将单位出入口与辅路路边式公交站进行一体化设计，这种设计适用于单位进出口非机动车流量大并设有非机动车道的情况，如图 5-12 所示。

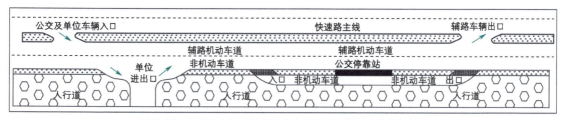

图 5-12　单位出入口一体化的公交停靠站设计方法（路边式）

4）公交停靠站与单位出入口一体化设计——港湾式：考虑到单位出入口设置公交停靠站的情形较为常见，将单位出入口与辅路港湾式公交站进行一体化设计，这种设计适用于单位进出口机非混行的情况，如图 5-13 所示。

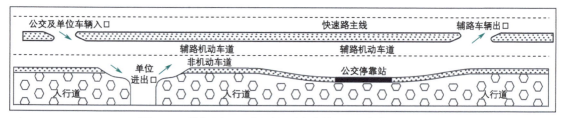

图 5-13　单位出入口一体化的公交停靠站设计方法（港湾式）

5.1.3 行人过街设计

行人过街需求重点集中于交叉口与公交停靠站,常见过街模式共四种。

1. 辅路交叉口慢行交通过街模式

高架桥下的慢行交通过街可借助高架桥下空间设置行人安全岛,由于视距关系,进行慢行交通一体化设计时,非机动车宜采用二次过街形式。

2. 平面式行人过街设计

人行横道在高架桥墩左侧将造成视线阻挡,无法发现行人,如图 5-14 所示。因此,人行横道二次过街应当设置在高架桥墩的右方,使得驾驶人与行人都能相互观察到对方,进而提升行人过街的安全性,如图 5-15 所示。

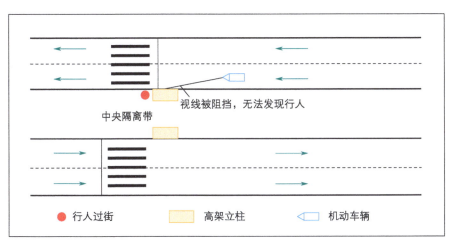

图 5-14 修改前的平面式行人过街设计

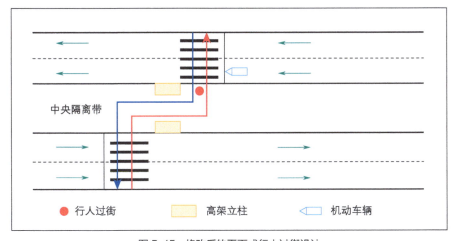

图 5-15 修改后的平面式行人过街设计

3. 公交站处平面式行人过街设计

行人过街应当设置在公交车行驶方向的上游，如图 5-16 所示。否则，由于行人往下游走，会阻挡公交车辆向前行驶，且公交车驾驶人存在视野盲区，可能会导致过街安全问题。

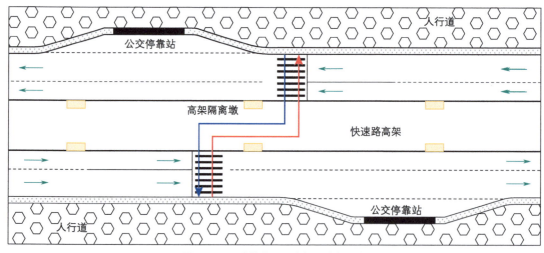

图 5-16　公交站处平面式行人过街设计

4. 立体过街设施设计

考虑到辅路以及快速路主线可能处于同一高度，乘客不能穿越快速路主线抵达对向辅路，若这部分过街行人需求很高（如存在公交停靠站的情况），可以设置过街天桥或地下通道，方便乘客安全换乘快速公交等，如图 5-17 所示。

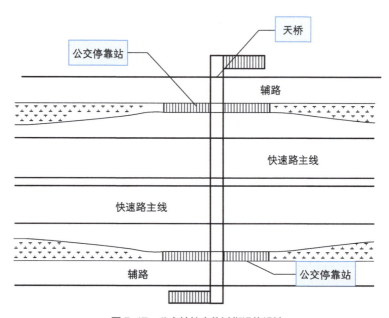

图 5-17　公交站处立体过街设施设计

5.1.4 停车设计

为充分利用道路空间,高架式城市快速路可设置高架桥下停车场,但必须注意高架桥下停车场的出入口设置应尽量避开交叉口,以避免与交叉口车流产生交织与冲突,减少对交叉口车流的影响,提高辅路交叉口的通行能力,如图 5-18 所示。

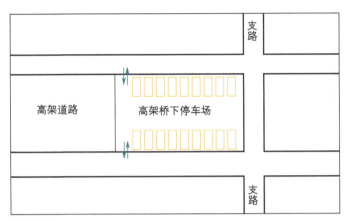

图 5-18 高架桥下停车场设计

5.2 辅路交通控制

在辅路交通控制中,为了适应交通流量的变化,提高辅路交叉口的通行能力,提升辅路信号控制效益,满足行人、非机动车等慢行交通通行需求,一般会采用分车道法、车流分离等进行辅路交通管控。

车道级控制即通过施划标志标线将道路中每个车道单独划分出来,增设车道级信号灯分别控制各车道车辆,并通过增设隔离设施实现快慢分离,实现车道级精准控制。车道级控制可根据车道拥堵情况精准放行,能提高现有基础设施的利用率,大大缓解拥堵路段的通行压力。

5.2.1 车道级控制实施基本条件

快速路辅路实施分车道法时需要在车道渠化、交通流特征等方面满足一定的条件,同时在相关配套设施等方面也需要有一定支撑,才能达到预期效果。

1. 道路条件

1)道路资源受限,导致通行能力有限。

2)道路上机动车车道数至少为双向 3 条及以上。在交通流量较大的道路上车道数至少在 5 条以上。

2. 交通流条件

1）交通流量大，交通状况复杂，日常通行压力大。

2）交叉口存在多股车流合流节点，合流冲突显著。

3）某一方向车辆排队过长严重影响驾驶人变换车道和路段通行，如图 5-19 所示。

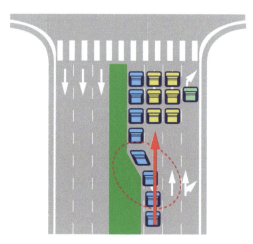

图 5-19　左转排队过长时影响直行车辆通行

3. 配套设施

1）信号灯：每条车道对应设置方向指示信号灯，信号灯可根据每条车道拥堵情况自动调整配时，精准放行，如图 5-20 所示。

2）路侧标识：设置空中分道标志，方便驾驶人提前观察判断、快速选择车道行驶方向。

3）地面标志标线：设置地面指示文字和路口导向标线，用于引导各车道车辆按指示方向行驶。

图 5-20　车道级信号灯

5.2.2 管控方案设计

快速路辅路车道级控制分车道法控制方案设计思路如下。

1）调整车道功能分布以优化车流交汇区域。

2）针对某方向排队过长影响路段通行的问题，在对车道功能进行重新分配后，根据车道拥堵情况重新调整信号配时方案。

3）针对合流冲突严重的问题，可诱导车辆提前变道，减少冲突。

4）针对交通流量大、道路资源有限的问题，在交叉口可采取禁限措施，禁止某些转向，减少变道需求，提高通行能力。

5）完善交通标志、标线、隔离设施、抓拍设备等配套设施。

管控方案具体方法及措施如下。

1）车道编号：根据调查得到的交叉口车道流量分布特征，重新分配车道功能。

2）功能预告：利用地面指示文字和空中分道标志提示驾驶人车道分配情况。

3）快慢分离：在车道间增设隔离护栏，实现车道快慢分离。

4）精准放行：利用"车道级"信号灯，根据车道拥堵情况进行智能精准放行。智能诊断拥堵原因，实时调节控制参数，自主生成最优策略，解放路口的执勤警力。

5）诱导通行：利用路口内施划的导向标线，精细化诱导车辆通行轨迹，如图5-21所示。

6）远引掉头：利用柱式隔离斑马线，避免交叉口左转，提高交叉口通行能力。

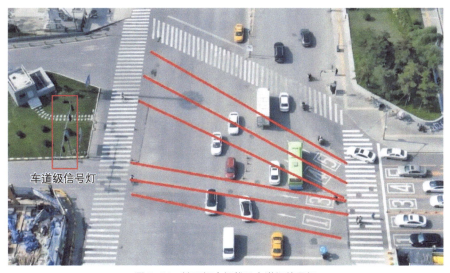

图5-21　地面标志标线及车道级信号灯

第6章　通行需求管理

Chapter Six

随着城市机动车保有量的快速增长，快速路拥堵问题进入常态化阶段。实践经验表明，仅依靠增加交通供给来满足交通需求的策略不是交通拥堵的治本之策，对需求侧进行有效调控也同样重要。本章主要介绍了外地车限行以及货车限行政策，分别说明了政策的交通条件、设施条件以及管控方案设计。

6.1　外地车限行管理

车辆牌照限行政策是道路交通需求管理的组成部分，是交通发展到一定阶段调节供需关系的需要。它的目的是通过对外地车辆行驶时间和空间加以限制，来缓解道路拥堵，从空间上和时间上使机动车通行的供需矛盾达到平衡。

6.1.1　实施基本条件

1. 交通条件

随着小汽车保有量的增长，城市道路交通拥堵程度也在加剧。城市快速路路网体系由于承担着主要的城市交通量，拥堵尤为严重，其中影响最为明显的是中心城区早、晚高峰时段，平均通行车速不断降低，严重降低了城市的运转效率，有限的交通资源已无法同时满足省市内外的交通需求。为了保障本省市居民的基本交通出行需求，需要对外省市的车辆出行需求加以调控。

2. 设施条件

在限行区域出入口设置限行交通指示牌，指示信息包括限行日期、限行时段，以及限行车辆类型等信息，如图6-1所示。

图 6-1 上海市限行交通指示牌

在进入禁行限行道路处设置电子警察,结合辖区交通管理工作特点,围绕外省市号牌照交通违法高发区域和时段开展滚动整治,打击限行时段外省市号牌车驶入等违法行为,如图 6-2 所示。

图 6-2 电子警察抓拍

6.1.2 管控方案设计

1. 限行时间

限行时间一般应定为工作日早晚高峰时段,工作日非交通早晚高峰及周六、周日和全体公民放假日一般不应限行。限行时长一般应定为工作日交通早晚高峰各两个小时,比如周一至周五 7 时至 9 时、17 时至 19 时(周六、周日和全体公民放假日除外)。全体公民放假日是指国务院办公厅每年发布的全体公民放假调休的节日,包括元旦、春节、清明节、劳动节、端午节、国庆节和中秋节等。不包括部分公民放假的节日,如妇女节、儿童节等。若出现工作日白天都拥堵的情况,可考虑在工作日如 07:00—20:00(节假日除外)时段限行。若在全天均出现拥堵情况,可考虑全天时段限制外省市号牌车辆的行驶。

2. 限行区域

限行区域主要分为两类，一类是城市中心区域的快速路环形路段，这类道路是区域连接的主要通道，一般包含内环线、中环线等存在常发性拥堵的环形路段，另一类是进出市区方向的快速路横纵向路段，比如南北高架等横贯市区的快速路通道，如图6-3所示。

图6-3 上海快速路限行路段

3. 限行方式

快速路限行主要方式为"限行区域外禁止驶入限行区域"，即在限行区域内的外省市号牌小客车不得在交通早晚高峰时段驶入限行区域，此方式需要在限行区域的入口处进行限制和管控，禁止外省市号牌车辆驶入，同时要求限行时段处于限行区域的外省市号牌小客车尽快驶出限行区域。

4. 处罚方式

对违反规定的外省市号牌小客车，一般采用"电子警察"的方式进行执法。对于执勤民警现场发现违反规定的外省市号牌小客车，对行驶中的车辆不予拦截，对处于停止状态的，进行宣传劝导。

6.2 货车限行管理

大型货运车辆具有重量大、体积大、转弯半径大、驾驶盲区多、制动距离长等特点，对大型货运车辆的通行管理一直是快速路交通管理的重点和难点。在快速路上对货运车辆进行限行管控，能有效缓解交通拥堵，改善交通秩序。

6.2.1 实施基本条件

1. 交通条件

快速路作为城市主要货运通道，货车所占比例较高，容易出现货车占道、客货混行等现象，行车秩序较为混乱。同时，由于货车承载重量大、行驶速度慢，在快速路上与其他车辆行驶速度存在明显速差，容易影响平均车速，降低通行效率，甚至引发交通事故，导致道路严重阻塞。为了保证主干路整体的通行能力，满足大多数车辆的通行需求，需要在部分路段和时段内限制货车的通行。

2. 设施条件

对于实施禁行限行道路，在进入禁行限行道路前设置禁行限行标牌。在相交道路设置货车直行、右转、左转等提示标牌。同时，外牌限行政策和货车限行政策也可以同时执行，相互配合，如图6-4所示。

图6-4 货车限行交通指示

除设置完善道路标志标牌等道路设施外，制定禁行限行区域大货车引导通行路径，并采用微信公众号、网站等多渠道发布大货车通行采取的治理措施，如图6-5所示。

6.2.2 管控方案设计

1. 限行时间

限行时间可分为全天管控和部分时段管控。全天管控即任何时候都禁止货运机动车在城市快速路行驶，主要针对靠近城市中心区域的路段；部分时段管控即允许货运机动车部分时间在城市快速路行驶，一般限行时间为白天，如每日7时至20时（周六、周日除外）。

图6-5 货车限行区域以及绕行提示

2. 限行区域

限行区域主要为城市中心区域的快速路路段，一般包含内环线、中环线、外环线，以及部分延长线等常发性拥堵路段。同时，为了保障货物运输，可以根据不同的货车类型进行分级管理，如本省市中小型货车不允许在内环线以内等靠近城市中心的路段行驶，本省市重型车辆不允许在中环线以内行驶，外省市重型货车不允许在城市主要区域即外环线以内行驶。

3. 限行方式

标志管控，即有禁止货运机动车通行标志的道路，禁止货运机动车通行。悬挂专段号牌的货运机动车，需进入上述道路载卸货物的，允许就近路口驶入，完成作业后就近路口驶出。

分级管控，即针对大型号牌货运车、低速货车等不同管控政策，划分不同的管控区域，禁止指定类型的货车在规定时段规定道路上通行。

通行证管理，即依法依规向运送生活物资、城市建材的货车、专项作业车、工程运输车等车型，在禁限行时段办理、发放临时通行证，并推出网上办理临时通行证业务，实行网上申领、网上发证（码）。

4. 处罚方式

对违反规定的货车，一般采用"电子警察"的方式执法。对于执勤民警现场发现违反规定的货车，对行驶中的车辆不予拦截，对处于停止状态的，进行宣传劝导。

第三篇

综合应用篇

第7章

主线交通组织设计实例

Chapter Seven

7.1 快速路定向车道交通组织设计

7.1.1 重庆市金开大道路段概况

重庆市金开大道是连接照母山立交、古木峰立交、鸳鸯立交,以及人和区域、机场区域互通的重要道路,如图7-1所示。而古木峰立交位于的金开大道(古木峰隧道—人兴路)段是金开大道流量最大的路段,高峰时段干道最大流量9120pcu/h、平均车速35km/h。

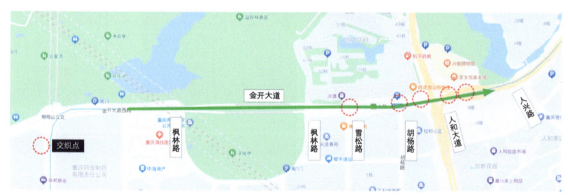

图7-1 金开大道西段地理位置图

金开大道(古木峰隧道—人兴路)长度为1.5km,路段内分布有一个隧道、一个立交桥,5个分流合流交织点,交通需求大。因交织点较多、交织点间距近,导致本路段容易发生车辆加塞、拥堵现象,通行效率低,交通事故频发。

7.1.2 优化设计要点及提升效果

7.1.2.1 优化设计要点

经统计,早高峰时段(7:00—9:00)金开大道西段平均车流量为3355pcu/h。其中有1584pcu/h是由金开大道西段直接驶入人兴路方向的,故在该段道路设置定向车道,可以有效保证 47.2% 的车辆快速通过该路段。同时，还可以减少交织冲突点，阻止其他车道车辆加塞，避免对定向车道车辆造成干扰，改善拥堵现状和交通秩序，减轻交通压力，提高该路段的整体通行效率。优化设计的具体措施如下。

1. 设置告示标志

在定向车道起点前设置"定向车道择道行驶""定向车道严禁变道"等告示标志牌。

2. 设置指示标志

在道路设置相关指示标志，提示驾驶人前方预到达地点的方向和距离。

3. 设置定向车道专用标志

定向车道起点预告标志设置于定向车道起点前，定向车道起点、终点告示标志设置于定向车道起点、终点处。分别在定向车道起点前 500m 处、300m 处、100m 处设置"小客车定向车道古木峰隧道起点 500m""小客车定向车道古木峰隧道起点 300m""小客车定向车道古木峰隧道起点 100m"标志牌，如图 7-2 所示。

4. 设置禁令标志

在定向车道起点前设置"定向车道严禁变道""变道抓拍"和"多乘员车道禁止摩托车、货车、大客车驶入"标志牌，如图 7-3 所示。

图 7-2 定向车道专用标志图

图 7-3 定向车道禁令标志图

5. 设置绿色抗滑薄层及标记路面文字

采用地面文字指示车道信息，提示驾驶人每条车道预到达的地点。全路段共3组抗滑薄层，都标记"严禁变道"字样，如图7-4所示。定向车道线为白色实线振荡标线，驶入定向车道的车辆中途不能跨越实线驶出，其他车辆也不得跨越实线驶入定向车道内。

图7-4 定向车道绿色抗滑薄层及路面文字图

定向车道执行方式：

1）设置电子警察，对擅自变道行为按违反禁止标志处理。

2）对未按规定车型运行的，按违反指示标志处理。

3）采用人工现场进行变道执法。

4）通过微信执法平台举报。

7.1.2.2 提升效果

设置定向车道后，车辆不再受其他车道变道车辆交织的影响，通行效率提高；没有速度较慢的客车和货车对整体通行速度的制约，车辆通行速度比混合车道的速度更快，且实施定向车道后整体路段较之前通行效率上升；该车道不允许随意变道，守法率高，发生事故概率大幅度下降。

高德地图交通运行情况监测显示，重庆金开大道西段（古木峰隧道—人兴路）优化后工作日早高峰拥堵指数1.28，优化前1.36，环比降低5.88%；工作日晚高峰拥堵指数1.77，优化前1.82，环比降低2.75%；平峰时段拥堵指数1.2，优化前1.26，环比降低5%；早高峰车速提升1km/h，晚高峰车速提升1.32km/h。具体如表7-1所示。

表7-1 定向车道设置前后数据对比

序号	时段	行驶速度/(km/h)			延时指数			高峰小时流量/(pcu/h)		
		优化前	优化后	优化率	优化前	优化后	优化率	优化前	优化后	优化率
1	早高峰	40.1	41.1	2.49%	1.36	1.28	5.88%	3355	3543	5.60%
2	平峰	42.99	43.58	1.37%	1.24	1.2	3.23%			
3	晚高峰	30.1	31.42	4.39%	1.82	1.77	2.75%	3850	4152	7.85%

本案例通过设置定向车道，规范行车秩序，提前分离交通节点路段交织冲突，提高规定方向车流通行效率，降低交通事故，缓解交通拥堵压力。隧道、桥梁、立交等交织冲突

节点地可借鉴此经验，采用定向车道交通组织改造及配套设置各类交通管理设施，来治理交通拥堵。

7.2 拥堵状态下动态路肩设计

7.2.1 动态路肩在美国应用概况

交通拥堵是一个反复出现的问题，但它也是一种通常仅在一天中的有限时间内发生的情况。各国目前正在实施的一种创新的、成本相对较低的解决方案是允许交通以非全时方式使用道路路肩作为行车道。美国有动态路肩使用的成功项目，其他国家也有很长的路肩使用历史。目前，动态路肩的实施主要集中在由于交通瓶颈或高峰期容量不足而导致经常性拥塞的地方。例如，在发生交通拥堵时，美国伊利诺伊州大芝加哥地区允许公交车使用路肩，该州将此策略确定为一种可以提高公共交通可靠性和吸引力的策略。

1. 美国得克萨斯州工作日拥堵问题

2015年9月，得克萨斯州交通局（TxDOT）和区域交通委员会在欧文市的161号州道（SH161）高峰期开辟了一条人行道。SH183和SH114之间的3mile（1mile≈1.6km）公路在每个方向都有两个通用车道，并与由北得克萨斯州收费公路管理局运营的乔治·布什总统收费公路相连，该收费公路在每个方向都有三个通用车道。从三条车道下降到两条车道会产生交通瓶颈，在高峰时段经常导致通行速度下降。

2. 美国科罗拉多州季节性周末拥堵

科罗拉多州I-70东行线上，周末以及与旅游和娱乐相关的节假日会出现季节性拥堵，尤其在冬季下雪时经常出现，极易导致事故，从而进一步降低交通效率。然而，该处并不适合采用道路拓宽的手段解决问题，因为I-70的这一部分道路穿过敏感的自然环境和历史群落地区。

7.2.2 优化设计要点及提升效果

7.2.2.1 优化设计要点

可以根据设计目标和快速路特征，确定适合的动态路肩类型。典型的动态路肩旨在实现以下一个或多个目标。

1）相比添加新车道，以最低的成本缓解高峰期的拥堵。

2）通过改善特殊车辆（如公交、合乘车）行驶时间和可靠性来增加客流量。

面向所有车辆类型的动态路肩包括以下几种情况：

1）若快速路出现常发性拥堵，则动态路肩可仅在固定时间段（如每个工作日高峰期）使用。

2）若快速路出现偶发性拥堵，尤其是特殊事件（如事故）可能导致的交通拥堵，则可基于预测或实时观测的结果使用动态路肩。

通常采用动态车道控制标志（如红色X或绿色箭头指示灯）。其他设计和操作考虑因素包括：是否允许在左肩或右肩上行驶，以及使用路肩时是否改变通用或路肩车道的速度限制（或速度建议）。

面向特殊车辆的动态路肩设置，与上述设置方式类似，不过其启用条件主要考虑特殊车辆在主线常规车道通行效率是否较低，延误是否严重。若出现了常发性通行效率低，则在固定时段使用（图7-5）；否则应采用适应性控制策略。

图7-5 弗吉尼亚州北部I-66动态路肩使用

7.2.2.2 提升效果

1. 得克萨斯州解决工作日拥堵问题

使用动态路肩提高了行驶速度。在实施动态路肩之前，平均北行早高峰时段速度为30.7mile/h（49km/h）。开放内侧路肩后，速度增加到66mile/h（106km/h）。傍晚高峰期南行方向的速度也有类似的改善。具体如图7-6所示。

2. 科罗拉多州季节性周末拥堵

与实施前的冬季相比，I-70快车道总延误减少。虽然实施后交通流量平均增加了14%，并且实施后的测算季节降雪量增加了12%，但总延误时间降低了63%，且平均行程时间降低了26%，交通严重拥堵（延误超过30min）的时间显著减少。具体如图7-7所示。

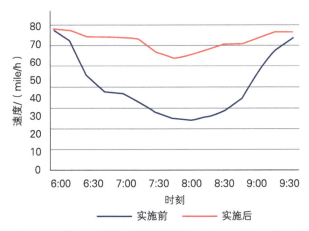

图 7-6　I-70 早高峰期在得克萨斯州欧文市的 SH 161 上的改善

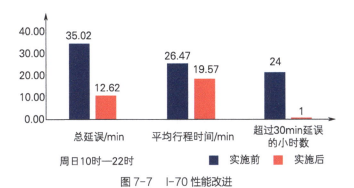

图 7-7　I-70 性能改进

第 8 章

匝道交通组织设计实例

Chapter Eight

8.1 快速路入口匝道信号控制缓解多车道汇流拥堵

8.1.1 重庆市人和大道转入金开大道入口匝道概况

金开大道位于重庆市两江新区,是通往洞庭立交的重要通道,如图 8-1 所示。从人和立交、照母山片区往鸳鸯方向的车流(西往东),高峰时段最大流量达到 6440pcu/h。人和大道南往东的车流通过匝道汇入金开大道主路。

图 8-1 人和大道汇入金开大道匝道位置示意图

1. 短距离交织,车辆冲突严重

金开大道、人和大道的交织距离较短,车辆变道的距离不足,支道车辆汇入主干道的空间小,支道与主干道车辆容易发生冲突,造成拥堵,通行率较低,如图 8-2 所示。

第8章 匝道交通组织设计实例

图 8-2 短距离交织造成冲突

2. 5车道汇入3车道，交通秩序混乱

车辆从5车道汇入3车道，3车道路段承载压力剧增，宽路变窄路，路段交通秩序混乱、通行效率降低，如图8-3所示。

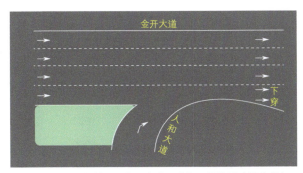

图 8-3 人和大道汇入金开大道匝道入口渠化图（优化前）

8.1.2 优化设计要点及提升效果

8.1.2.1 优化设计要点

针对以上问题，可通过规范交织区的通行秩序，采用小周期放行方式提升路段通行效率。根据车流量数据分析得出，金开大道左侧两车道极少与人和大道右转产生交织。因此，可以提前分流，减少车流交织冲突。

1. 设置信号灯，采用小周期放行

根据 GB 14886—2016《道路交通信号灯设置与安装规范》及路口条件，在该路口安装柱式信号灯，设计小周期放行方式来控制车流，从而达到缓解短距离交织冲突的目的。

2. 合理划分车道标线

在离交织点30m处，将金开大道最左边两车道划分为实线，保证金开大道西往东主要车流不受灯控影响，提前分流，缓解交织冲突。标线划分位置如图8-4所示。

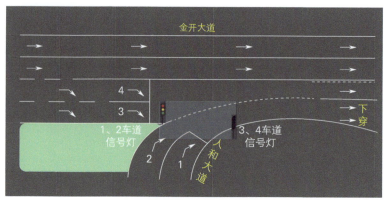

图 8-4 人和大道汇入金开大道匝道入口渠化示意图（优化后）

8.1.2.2 提升效果

通过设置信号灯控制车流冲突、规范行车秩序，合理划分车道标线，提前分离车流，有效提高匝道入口通行效率，如表 8-1 所示。

表 8-1 优化前后高峰单位小时车流量数据对比

时段	金开大道—人和大道	优化前 / (pcu/h)	优化后 / (pcu/h)
早高峰	金开大道	4800	5040
	人和大道	1620	1800
晚高峰	金开大道	4900	5245
	人和大道	1400	1600

高德数据显示，工作日金开大道西段由西往东方向、人和大道由南往北方向高峰延时指数均下降。金开大道西往东方向高峰延时指数下降 19.5%，平均车速上升 24.5%；人和大道南往北方向高峰延时指数下降 31.5%，平均车速上升 45.5%，如图 8-5、图 8-6 所示。

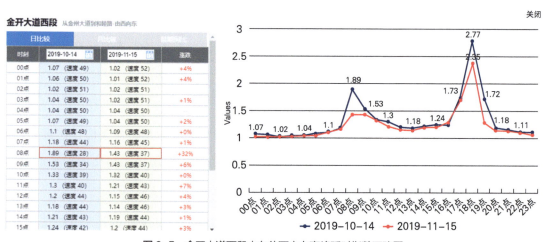

图 8-5 金开大道西段由东往西方向高峰延时指数下降图

第8章 匝道交通组织设计实例

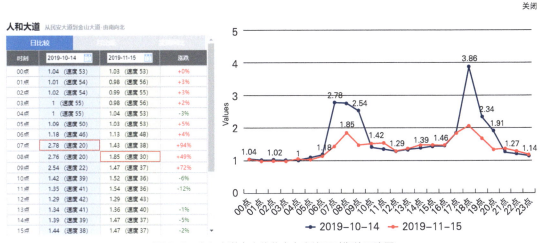

图 8-6　人和大道由南往北方向高峰延时指数下降图

8.2 "互联网+"区域交通信号协调控制缓解入口匝道拥堵

8.2.1 重庆市人和立交概况

近年来两江新区机动车拥有量以年增长率约 20% 的速度飞速增长，由于道路先期条件规划不足，交通拥堵日益凸显。

人和大道连接金山大道、金开大道、民安大道、黄山大道、泰山大道，且为多个立交、内环快速、机场区域互通的重要道路，担负着金山居住片区、人和居住片区、重庆南北交通转换作用，是两江新区交通流的重要汇集区域（以下简称"人和区域"）。古木峰立交与人和立交是两江新区的重要节点路口，而人和大道为连接两立交的唯一主干道，如图 8-7 所示。

图 8-7　人和区域位置示意图

117

人和区域在三处多车道汇入路口（人和场口、人和 B 匝道、人和大道—太湖西路）、一处截流路口（金山大道—镜泊西路）设置了信号灯，如图 8-8 所示。人和大道双向在最左侧均设置了定向车道。

图 8-8　区域信号灯位置示意图

1. 过境流量大

人和大道高峰时段干道最大流量高达 11396pcu/h，平均车速 29.4km/h，平峰时段干道最大流量高达 9680pcu/h，平均车速 38.02km/h。

2. 交织点多

人和大道全长 1.6km，却有 2 个立交、5 条主干道、5 条支路与之连接，并拥有 3 个多车道汇入交织合流点。人和场口为汇入人和大道的合流交织点，8 车道汇入 4 车道，以人和大道方向和内环方向流量为主；人和 B 匝道为出人和大道的合流交织点，7 车道汇入 4 车道，且民安大道经常回溢至 B 匝道出口；古木峰立交为金山大道、金开大道车流汇入的重要节点，金山大道信号灯较少，车流汇集较快。

3. 传统控制不够优化

传统的交通信号控制多为固定配时，周期性地循环既定设置。这种控制存在着诸多问题，如长时间的交通延迟、不合理的时间设置、无法根据实时交通信息做出灵活的方案调整等，因此不能满足人和大道流量多变的通行需求。

4. 事故引起堵塞

因道路流量非常大，当路段出现交通事故时，整个路网将很快发生堵塞，由于无法根据实时交通态势做出灵活的方案调整，需后台人工进行干预；路段交通事故撤离后，仍需人工进行调整，对整个路网进行疏导。

8.2.2 优化设计要点及提升效果

8.2.2.1 优化设计要点

1. 优化思路

第一，因人和立交施工改造，无法在桥面安装智能检测设备，故选择"互联网+"信号控制方案。

第二，结合四个路口实际运行情况制定一套相对较优的信号配时方案，根据各方向的拥堵情况制定对应的信号配时方案。

第三，通过对路况进行不间断监测和交通态势实时采集，对路口及区域交通运行情况进行自主判定和最优方案选择，在最佳时间点进行判断切换。

第四，采取"外截内疏"的优化理念，在车流量大的时段对进入该区域流量采取截流措施，保障人和大道畅通。

第五，在各时段保证出口道的通行能力约等于进口道的通行能力，确保人和大道一直处于饱和状态，通行效率最高。

2. 控制逻辑

（1）溢出控制

车流量受交通事故、坏车、施工、天气原因等异常事件影响，前路口某一方向的最大排队长度大于等于该方向路段长度的4/5，为路口溢出。目前在金山大道—镜泊西路和人和B匝道使用。

（2）失衡控制

当前时段路口的所有相位中，由于交通异常事件（如交通事故、坏车、施工、天气原因等）导致一部分相位出现相位过饱和，而另一部分相位出现相位非饱和，为路口失衡。目前在金山大道—镜泊西路、人和场口、人和B匝道使用。

（3）区域协调控制

"互联网+"区域协调控制是指系统掌握区域的实时交通状态，由系统判断自主选择各控制逻辑下的路口控制方案。首先，根据各路口实际需求提前设置路口的溢出控制方案、失衡控制方案、截流控制方案及常态方案。其次，设定不同交通态势下的控制逻辑，匹配各控制方案到控制逻辑。最后，在信号控制系统平台上采集高德实时交通数据并分析交通态势，系统可以自动选择最匹配的控制逻辑并下发至区域路口。

区域整体控制逻辑如图8-9所示。

图8-9 区域整体控制逻辑示意图

3. 方案实施

（1）民安往大坡隧道方向

当高德检测到金山大道镜泊西路路口上行拥堵如图8-10中①所示的状态时，系统将自动运行失衡消除控制方案，同时启动人和场口内环方向、人和大道太湖西路路口截流方案，在消除状态①后，系统将恢复正常方案（优先级最高）。

当高德检测到人和场口人和大道拥堵如图8-10中②所示的状态时，系统将自动运行人和大道失衡消除控制方案，对内环方向采取截流措施；如运行该方案10min后路口仍处于拥堵状态②，系统将自动选择人和大道绿信比更大的方案（优先级第二）。

当高德检测到人和大道太湖西路路口回溢如图8-10中③所示的状态时，系统将自动运行太湖西路截流方案，同时运行人和场口失衡消除控制方案，对内环方向采取截流措施，增加人和大道的绿信比（优先级第三）。

当高德未检测到道路拥堵时，路口运行畅通方案（优先级最低）。

（2）大坡隧道往民安方向

当高德检测到B匝道出口溢出如图8-11中①所示的状态时，系统将自动运行溢出控制方案，对 B 匝道进行截流，同时对金山大道镜泊西路路口下行截流（优先级最高）。

当高德检测到 B 匝道人和大道拥堵如图 8-11 中②的状态时，系统将自动运行人和大道失衡消除控制方案，同时对金山大道镜泊西路路口下行截流；如运行该方案 10min 后路口仍处于拥堵状态②，系统将自动选择人和大道绿信比更大的方案（优先级第二）。

当高德检测到金山大道镜泊西路回溢如图 8-11 中③的状态时，系统将自动运行路口下行截流控制方案；如运行该方案 10min 后路口仍处于拥堵状态③，系统将自动选择下行绿信比更小的方案（优先级第三）。

当高德未检测到道路拥堵时，路口运行畅通方案（优先级最低）。

图 8-10　民安往大坡隧道方向控制逻辑示意图　　图 8-11　大坡隧道往民安方向控制逻辑示意图

8.2.2.2　提升效果

人和大道试行"互联网+"区域交通信号协调控制进行区域控制后，2019 年 11 月每日平均早高峰流量 11396pcu/h，相对于 9 月 10648pcu/h，增长 7.02%；11 月每日平均晚高峰流量 10279pcu/h，相对于 9 月 9471pcu/h，增长 8.53%。11 月每日早高峰平均速度为 28.92km/h，相对于 9 月 25.755km/h，增长 12.29%，延误指数为 1.94，相对于 9 月 2.185，降低 11.21%；11 月每日晚高峰平均速度为 26.15km/h，相对于 9 月 24.22km/h，增长 7.97%，延误指数为 2.51，相对于 9 月 2.615，降低 4.02%。从数据分析可得，交通改善效果明显，在车流量增加的情况下，平均车速和平均延误反而降低，如表 8-2 所示。

表 8-2 早晚高峰指数优化前后对比

时段	评价指标	9月	11月	优化率
早高峰	流量/(pcu/h)	10648	11396	7.02%
	平均速度/(km/h)	25.755	28.92	12.29%
	延误指数	2.185	1.94	-11.21%
晚高峰	流量/(pcu/h)	9471	10279	8.53%
	平均速度/(km/h)	24.22	26.15	7.97%
	延误指数	2.615	2.51	-4.02%

以下为截取的人和大道人和场口路口的运行状态,在7:00—20:00时段路口方案自动调整34次。其中累计运行人和大道拥堵方案7次,共计98min,占比12.6%;运行机场路或内环拥堵方案13次,共计264min,占比33.8%;其余时间为畅通方案,共计418min,占比53.6%。而人工配置的多时段方案只有8个时段。通过互联网+信号控制模拟人工指挥要素逻辑,替代人工观察监控再调整方案,这种方式节省了人力。

8.3 主动均衡交通负荷的城市快速路匝道交通信号管控

8.3.1 苏州市内环快速路概况

随着苏州市经济快速发展,截至2021年12月底,苏州市机动车保有量已达479万辆,位居全国第四。快速增长的机动车给城市交通带来了极大压力,快速路作为城市交通主动脉,早晚高峰交通拥堵已成为常态。

内环快速路是连接苏州东西两翼经济开发区、南北休闲旅游区的城市主动脉,随着吴江太湖新城人员入驻、高新区科技城发展,吸引更多的车辆进入内环快速路,进一步加剧了快速路交通拥堵程度,早晚高峰时段更是承担了巨大的交通量。

苏州内环快速路的设计与当下交通需求不匹配,造成快速路交通管理面临着流量大、事故多、瓶颈多等现实问题,内环快速路拥堵时段已有从高峰期逐渐向平峰期发展的趋势,如何对内环快速路采取有效措施进行"缓堵保畅"成为亟须解决的难题,如图8-12所示。

目前,苏州内环快速路主要存在如下管理难题。

1)据统计,内环快速路主线高峰小时平均断面流量已达1.2万pcu/h,设计流量为0.84万pcu/h,是设计流量的1.43倍;从交通运行情况来看,早晚高峰时段内环快速路主线平均车速约20km/h,高德交通拥堵指数达1.6以上,特别是友新、北环、娄江等路段已持续超饱和运行,如图8-13所示。

第 8 章 匝道交通组织设计实例

图 8-12 内环快速路早高峰交通实况图

图 8-13 内环高架早晚高峰路况图

2）匝道设计为"先入后出"，高峰时段交通流量激增，入口匝道车辆无法驶入主干道，主干道车辆无法快速驶入出口匝道，出入口匝道布局与当前交通需求的不匹配导致交通冲突点突出，严重影响主干道车辆通行效率，如图 8-14 所示。

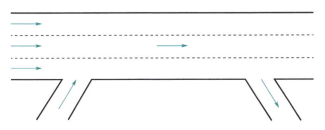

图 8-14 内环高架上下匝道布局图

3）内环快速路主线交通流量大、出入口匝道间距短，造成入口匝道驶入主线交通流与出口匝道驶离主线交通流互相干扰，导致主线交通流积压严重。目前，内环快速路出入口常态堵点共有27个，包括东环娄门路、南环迎春路等路口，快速路出入口拥堵进一步加剧了主线的拥堵状况，如图8-15所示。

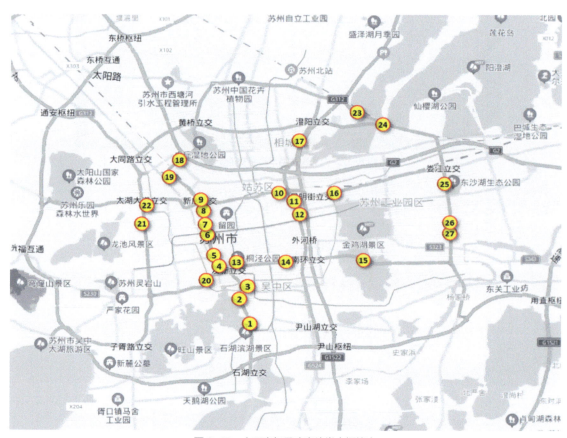

图8-15　内环高架早晚高峰常态拥堵点

4）快速路主线无信号控制系统，可以连续通行，而地面道路设有大量信号灯控路口，使得群众出行更愿意选择城市快速路，导致内环快速路早晚高峰时段拥堵严重，而周边地面道路却较为通畅，交通流分布不均衡现象较为严重。

8.3.2　优化设计要点及提升效果

8.3.2.1　优化设计要点

为应对城市快速路流量超饱和运行带来的交通管理难题，让快速路真正"快起来"，苏州交警综合运用大数据分析、交通态势实时预警、快速路信号系统与地面信号系统联动控制等措施，以达到主动均衡主干道交通流的目的。

第 8 章 匝道交通组织设计实例

1. 优化思路

（1）精准感知交通流数据

交通流数据是交通控制的基础，通过建设交通流采集设备，实时获取内环快速路及出入口匝道交通流数据，结合互联网拥堵数据对内环快速路实时运行状况进行综合研判，精准分析内环快速路拥堵状况，为缓堵保畅提供数据支撑。

（2）主动均衡交通流

充分利用入口匝道的"蓄水空间"，在快速路主线与入口匝道合流处增设信号控制系统，以连续两个相邻入口匝道为设置区间，通过对区间的实时交通流量、互联网路况、天气、事故等数据进行分析，得出交通运行综合参量。根据系统试运行情况及经验调整设定阈值，当系统检测到综合交通参量接近阈值时进行预警提示，联网控制入口匝道信号机及路面道路信号机，对驶入入口匝道方向上游地面路段实施红波方案，从时间上达到缓入的目的。当出口匝道交通流达到系统设定阈值时，系统自动提示需对出口匝道下游相关联的地面信号机实施联动控制，加强地面绿波疏散。通过以上方案的配套运用达到"缓进快出"，主动均衡高峰时段交通流的目的，从而提高内环快速路通行能力，保障内环快速路通行畅通。

2. 优化方案

（1）精准研判道路拥堵程度

将内环快速路划分为多个小区间，运用小区间内前端感知设备获取的平均速度、空间占有率等数据，并结合高德等互联网平台的交通拥堵、天气等数据，以 5min 为分段，精准分析内环快速路的交通拥堵指数，生成快速路小区间的综合运行曲线，实时监测快速路交通运行状态，如图 8-16 所示。

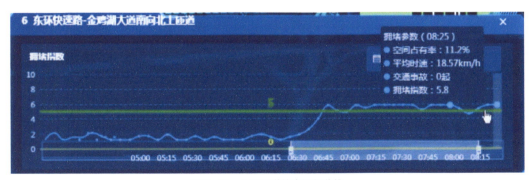

图 8-16　入口匝道综合运行曲线

当交通拥堵指数大于阈值时，快速路信号控制系统将开启匝道信号控制，控制进入主线交通流量，保障快速路主线运行畅通，如图 8-17 所示。

125

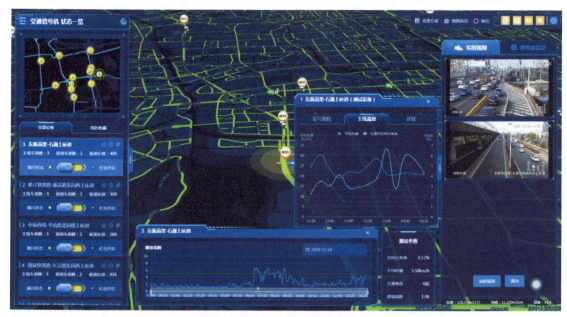

图 8-17　内环快速路交通信号控制

（2）动态优化入口匝道信号配时方案

为保障快速路主线的通行效率最佳，需要确定匝道控制的最优绿信比。综合考虑两个参数来确定入口匝道调节率，一个是基于速度的调节率，另一个是基于时间占有率的调节率，综合研判通行效率最佳的临界速度和临界占有率。

以每 5min 实时交通流数据确定入口匝道调节率，即下一时刻匝道汇入主线的车辆数，实时动态调整匝道信号灯绿信比，使信号配时方案适应实时交通流的变化，实现动态优化入口匝道信号配时，从而充分发挥入口匝道路段"流量蓄水池"作用，实现"缓进"的目的，如图 8-18 所示。

（3）入口匝道区间协同控制

当连续两个或两个以上匝道信号灯开启控制后，需对多个匝道进行信号协同控制，基于每个入口匝道最优调节率，以单位时间内快速路主线各区间驶出车辆数最多、各入口匝道剩余车辆数最少为目标，不断进行迭代、优化，确定快速路整体流量均衡、通行效率最大化的各个匝道控制调节率，得到每个入口匝道的控制方案，实现主动均衡快速路主线各区间交通流的目的。

（4）协同联动高、地信号控制

为减少车辆驶入、驶出主线期间对主线交通流的影响，实现快速路与周边地面道路交通流主动均衡分布，当匝道开启信号控制后，地面关联路口实施联动控制。在出口匝道下游相关路口设置绿波方案,快速疏散地面道路车流,防止匝道排队溢出。在入口匝道方向上游相关路口实施红波方案,适当控制驶入入口匝道的车辆,缓解入口匝道的交通压力。通过合理组织地面交通流,科学分配路权,挖掘地面道路城市交通"毛细血管"分流潜能,实现了内环快速路主线交通流"快出"和交通流主动均衡分布,如图 8-19 所示。

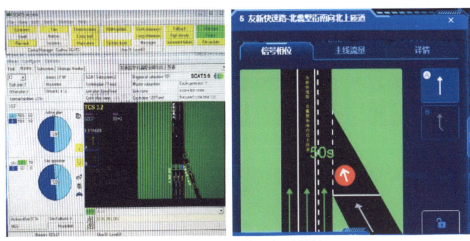

图 8-18 入口匝道信号自适应控制

图 8-19 高、地信号系统联动控制

8.3.2.2 提升效果

快速路交通信号控制系统应用以来,实现了内环快速路 12 个出入口匝道的动态监测和自动预警,系统预警准确率达 95%,有效缓解了苏州市内环快速路交通拥堵状况。以友新快速路—北蠡墅街、石湖西路、太湖西路三个点位为例,协同控制实施后,主线流量平均增加 143pcu/h,合流处断面平均车速提升 2.04km/h;石湖西路和北蠡墅街入口匝道通行效率得到一定程度改善。同时,高、地联动控制实施后,地面交叉口饱和度均在 0.9 以下,实现了城市路网交通流主动均衡分布,路网整体运行效率得到有效提升,如图 8-20、图 8-21 所示。

图 8-20 优化后入口匝道早高峰实况图

图 8-21 优化后入口匝道关联地面路口早高峰实况图

8.4 "专用右转车道"缓解快速路下匝道路口拥堵

8.4.1 石家庄市平安大街—和平路交叉口概况

石家庄市平安大街—和平路交叉口位于城市核心区域。和平路是快速路,是中心城区东西向仅有的6条跨越京广铁路的交通大动脉之一,该段位于城市一环,经实测路段饱和度已经接近理论通行能力,早晚高峰交通压力极大。平安大街是位于市中心的城市南北向交通主干路,道路沿线大型居住社区、重点中小学、大型企事业单位、地标性商超相对密集,早晚高峰常发交通拥堵,如图 8-22 所示。

第8章 匝道交通组织设计实例

图 8-22 石家庄市项目路口区位图

目前，路口交通主要问题如下。

1. 高架桥上下匝道落地位置距路口停止线非常近，路口存车容量极为有限

平安大街两侧上下和平路高架桥匝道的落地位置与路口停止线的距离过近（西侧58m，东侧120m），西侧上下匝道落地点距离路口停止线处最大单车道容车仅为9辆，虽然下匝道对应的车道历经改造后数量增加至5车道（1右+1直右+1直+2左，内侧地面道路另有两条直行车道，即地面车辆在西进口仅允许直行和右转，左转需求较小，可以通过直行至平安路掉头右转或右转至平安大街掉头直行，进行绕行），但是仍然难以满足高架桥驶出交通需求，高架桥上排队长度约1km，严重影响快速路通行效率。

2. 路口双向机动车流量和非机动车流量大，交通流线复杂

根据流量调查统计，早高峰时段路口机动车流量达6500pcu/h、非机动车流量高达8200pcu/h。且地面路口不仅要组织地面道路各方向交通，还要组织上下匝道驶入、驶出各方向交通，因此除北口外其余三个方向的机动车极易排队溢出，如图8-23所示。

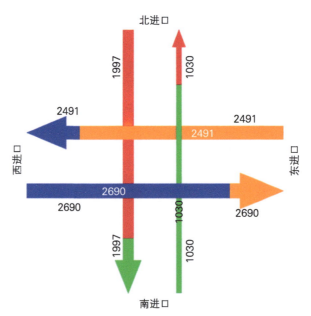

a）改善前路口早高峰机动车流量

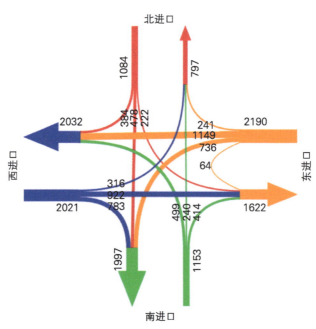

b）改善前路口早高峰非机动车流量（单位：pcu/h）

图 8-23 调查统计图

3. 西口右转机动车通行不畅

由于非机动车流量大，右转车在南北直行和东西直行时，因礼让非机动车通行，机动车无法右转。在整个周期 180s 内，机动车仅通过东西左转、南北左转相位通行，"实际"绿信比低于 39%。

4. 西侧下高架匝道分车道与交通量不匹配

匝道上两车道划分为左转专用车道和直右车道，与路口交通调查数据中高峰小时交通量各方向比例（左转316pcu/h，占比21%；直行407pcu/h，占比27%；右转783pcu/h，占比52%）严重不匹配。左转车仅21%的交通流量占用1条专用车道，而直行和右转79%的交通流量占用1条车道，如图8-24所示。

图8-24 改善前西口高架下匝道车辆长距离排队情况

8.4.2 优化设计要点及提升效果

8.4.2.1 优化设计要点

路口改善最主要目标是消减西口高架桥排队长度。针对西口下桥右转流量和占比均大的交通特征，借鉴立交"右转采用专用匝道"干扰最小、通行能力最大的基本想法，可以利用"专用右转车道"来缓解下匝道连接路口的拥堵。

采用管梳结合的"三段式"治理手段来进行改善。三段式：一段是在高架桥上下匝道顶点至上游1km，通过"梳汇入、管加塞"，尽可能保高架桥主线畅通；二段是匝道段，设置右转专用车道和直左车道来匹配交通量；三段是地面路口，通过重新分配下匝道对应的5条车道划分和路口渠化来提升路口通行效率。通过"匝道右转专用车道＋路口专用右转车道"组合来实现"专用右转车道"，配合路口交通渠化和信号配时来综合提升下匝道右转机动车通行效率。

具体优化设计方案如图8-25所示。

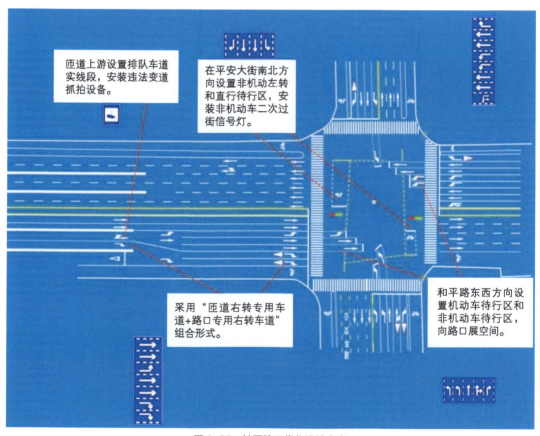

图8-25 地面路口优化设计方案

1. 高架桥段施划实线＋抓拍管加塞

在高架桥西向东方向下匝道上游设置排队车道实线段，安装违法变道抓拍设备，严管违法变道加塞。严格处罚车辆占用高架内侧2车道等待变道加塞的违法行为，如图8-26a所示。

2. 匝道段车道重新划分为"直左＋专右"

将匝道上的外侧车道设置右转专用车道，内侧车道设置为直左车道。两条车道采用白实线隔离（距离下匝道起点 30m 内为白虚线），如图 8-26b 所示。

3. 地面段西口下匝道重新划分导向车道为"2 右 +2 直 +1 左"

根据西口下匝道交通需求，调整地面路口对应的 5 条车道，最外侧为 2 条右转专用道，相邻为 2 条直行车道，最内侧为 1 条左转车道。在匝道和地面衔接处，下匝道右转车道对应 2 条右转车道，下匝道直左车道对应 2 条直行车道和 1 条左转车道。最外侧右转车道对匝道外侧地面道路留有进口，匝道外侧车辆驶入仅允许右转且让行下匝道车辆，如图 8-27 所示。

a) b)

图 8-26 高架桥段实线抓拍和匝道虚线实线变化段行车视角图

图 8-27 下匝道专右组合（绿色）和直左对应车道组合（橙色）实景图

4. 地面南北口设置"非机动车待行区"优化通行秩序

针对非机动车流量大，严重影响机动车右转通行的情况，根据非机动车左转二次过街的通行规则，设置南北"非机动车待行区"，规范非机动车通行区域。设置非机动车二次过街信号灯，让非机动车利用东西左转相位进入待行区，南北直行相位时快速通过路口，清空待行区，尽可能消减对右转机动车通行影响。因在西口存在电线杆及其斜拉线，通过交通仿真分析，设置非机动车待行区对非机动车通行水平提高有限，且会降低下匝道右转车辆通行效率，所以东西进口未设置非机动车待行区。

5. 路口设置"机动车直行＋左转待行区"提升蓄车能力

在东西方向设置机动车直行待行区，增强东西向直行车道蓄车能力，尤其是西口增加了接近20m蓄车长度，同时保留四个方向的左转待行区，设置LED屏对双待行区的通行方式进行明确提示，如图8-28所示。

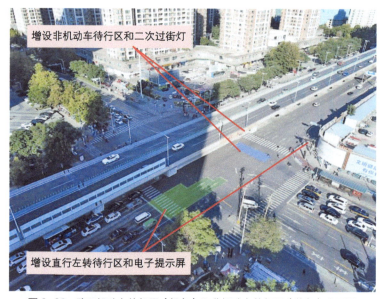

图8-28 路口机动车待行区（绿色）和非机动车待行区（蓝色）实景图

6. 结合交通组织精细化调整信号配时

结合交通调查数据和互联网大数据，优化信号配时方案。例如，原方案早高峰周期180s，具体为南北直行40s，南北左转35s，东西直行70s、东西左转35s。根据各进口道交通流向流量比来更精准调整绿信比，早高峰期间缩短周期至170s，具体为南北直行40s，南北左转40s，东西直行50s，东西左转40s。

8.4.2.2 提升效果

路口改造完成后，根据为期两周的技术跟踪和流量观察：车道利用率明显提高，西进口下匝道通过量明显提升，下桥车辆排队长度由原来至省二院附近，改善后车辆排队不上桥，缩短了约800~1000m。总体来看，早高峰西向东方向每天下桥交通拥堵情况基本消失，互联网大数据显示，早高峰期间路口通行延误明显减少，路口通行效率提升，具体如表8-3、图8-29、图8-30所示。

表 8-3　改善前后通行状况比较

	改善前	改善后	效果
西下桥口桥上排队长度 /m	800~1000	0~20	−900
西下桥口高峰小时通过量 /(pcu/h)	1506	1916	+27.23%
路口高峰小时通过量 /(pcu/h)	6448	6597	+2.31%
路口高峰小时机动车平均延误 /s	62	43	−33%

图 8-29　平安大街—和平路地面交叉口改善后航拍（俯视）图

图 8-30　平安大街—和平路地面交叉口改善后航拍（西南角俯视）图

8.5 分流向细化车流管控缓解快速路下匝道路口拥堵

8.5.1 济南市顺河高架经四路下桥口交通概况

随着济南经济发展，城市空间日益紧缺，传统路面道路已经无法满足城市通行需求，"上天入地"成为济南未来道路发展的主流。目前济南城区的五条高架快速路每日分担着大量的城市交通流量，交通拥堵问题突出。

顺河高架为济南城区五条高架路之一，具体区位如图 8-31 所示。经四路下桥口为顺河高架由北向南唯一的一条下匝道，导致从该匝道下桥的车流量一直居高不下，造成地面经四路交叉口交通流量高度集中乃至出现常态化交通拥堵，加之随着顺河高架南延的开通，其拥堵形势正在日益加剧，由此引发的拥堵已逐渐向地面路口周边区域以及北园高架、经十路等主要道路蔓延。为此，济南市公安局交通警察支队积极探索，开展优化。

图 8-31 顺河高架与经四路交叉口区位图

经四路下桥口周边路网可靠性不高，南北向分流线较少，加之周边土地开发强度大，商业、办公、居住等建筑分布密集。据统计，路口由北向南方向高峰流量约为2915pcu/h，其中直行 2103pcu/h，右转 812pcu/h；北口下桥交通量约为 972pcu/h，下桥右转交通量为 590pcu/h，约占下桥交通量的 61%。目前，由北向南车辆排队长度经常达近 3km，已成常态，且与北园立交相连，影响北园高架运行。由此产生的交通问题主要如下：

第 8 章 匝道交通组织设计实例

1. 下匝道落地点距路口过近

北口下桥接地点距路口停止线仅 65m，既无缓冲空间，也无车辆排队储存空间。

2. 下匝道车道容量受限

由于设计缺陷，北下匝道仅为单排车道，且无应急空间，进入路口前无法分出左转、直行、右转的车流，导致各向车流混行降低通行效率。

3. 下桥右转与地面直行冲突较大

下桥右转流量较大，几乎为连续流，但需连续跨越 5 个车道，且与地面直行交通相互交织，安全隐患突出，又影响桥上桥下交通运行效率。

4. 由北向东需求加大，绕行交通加剧拥堵

由于老城区的向心和聚集作用，顺河高架下桥车辆和地面顺河西街车辆由北向东需求日益加大，目前北进口为禁左，车辆只能向南直行到渤海桥掉头，回到经四路南进口右转向东运行，加剧了顺河东街通行压力，运行效率较低，如图 8-32 所示。

5. 东西向主桥面较窄，存在通行瓶颈

经四路与共青团路交界处的东西桥面目前仅为双向 4 车道，而以西的经四路为双向 7 车道，城顶路口以东的共青团路为双向 6 车道，为典型的通行瓶颈路段。

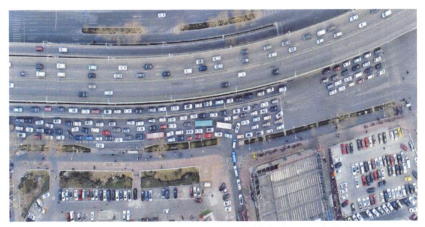

图 8-32 顺河高架与经四路交叉口高峰期间交通流运行情况

8.5.2 优化设计要点及提升效果

8.5.2.1 优化设计要点

1. 优化思路

为最大限度缓解地面拥堵，进一步疏解顺河高架交通，济南交警结合路网条件及交通流运行规律进行调研，确立了如下优化思路。

1）综合考虑周边路网特性，立足于挖掘道路资源潜力，总体上采取交通组织优化措施，辅以配套设施的完善，力求达到"投资小、工期短、见效快"，短期内明显改善拥堵现状。

2）针对下桥右转与地面直行冲突的问题，下桥车辆采取禁止右转的措施，右转车辆通过周边路网绕行，即"桥上禁右"策略。

3）针对北向东交通需求日益增大的问题，放开桥上车辆的北向东通行，地面车辆的北向东绕行策略维持现状，以减轻部分交通压力，即"桥下禁左"策略。

4）调整车道功能分布以优化车流交汇区域，同步考虑北口掉头车辆的运行，以及利用率较低的公交专用道的整改。

5）完善交通标志、标线、隔离设施、抓拍设备等配套设施。

2. 优化方案

（1）北口匝道下桥车辆禁止右转通行

由于右转交通量较大，且需要跨越多排车道进入外侧右转车道，为避免下桥右转车辆与地面直行交织冲突，提高北口整体通行效率，对北口下桥车辆实行禁止右转措施。需右转的车辆可向南直行至经七路右转向西；也可直行到路口提前掉头，向北行驶至普利门桥，掉头向南至经四路交叉口右转向西，或左转通过经二路向西，绕行路线如图8-33的绿色线路。

（2）北口匝道下桥恢复左转和掉头通行

由于共青团路已调整为西向东单行，交通压力减轻，为均衡路网流量，方便市民出行，恢复北口下桥车辆左转，如图8-33的蓝色线路。同时，调整车道功能，将内侧第一排车道调整为左转加掉头车道，第二排车道调整为左转车道，第三排车道调整为直行。桥下地面道路需左转向东的车辆，需按现行运行规则向南直行至渤海桥，掉头通过经四路交叉口南进口右转向东通行，绕行路线如图8-33的红色线路。

（3）北进口增设掉头开口

为提高北口车辆掉头效率，减少掉头车辆停车等候，同时避免干扰慢行通行，在北口停止线北侧设置掉头口，掉头车辆不受灯控提前掉头。

（4）取消路口公交专用道

为提高北口顺河西街右转通行效率，减少公交车辆排队对右转的干扰，加之此路段公交车道不连续，运行线路少，道路资源过于浪费，将公交专用道调整为右转专用车道，公交车辆随直行运行。

第 8 章 匝道交通组织设计实例

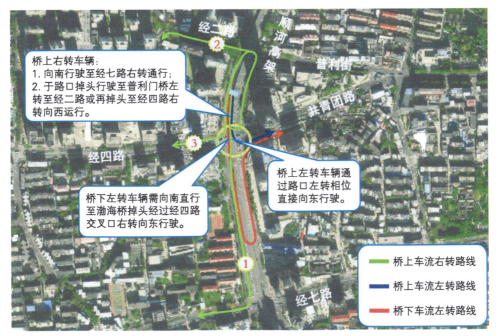

图 8-33 经四路下桥口交通绕行路线布局示意图

（5）完善配套设施，提高车辆通行效率

取消顺河西街下匝道信号灯，清除顺河西街停止线；在下匝道落地点处增设"下桥车辆、禁止右转"标志；在下桥车辆排队车道与地面道路车辆排队车道之间安装隔离护栏；设置抓拍设备对违法右转或左转车辆进行抓拍取证，如图 8-34 所示。

图 8-34 顺河高架与经四路交叉口交通渠化设计图

139

8.5.2.2 提升效果

随着以上优化措施的落地，顺河高架与经四路交叉口优化效果显著。

1）极大缓解了匝道下桥口交通压力，保障高架主线交通流安全有序行驶，如图8-35所示。

2）理顺了交通组织流线，减少了车流交织，通过线路诱导绕行，提高路口通行能力。

3）合理分配了道路资源，取消公交专用道，提高右转车辆通行效率。

图8-35 经四路交通优化改造后晚高峰效果图

8.6 快速路下匝道渠化微改造缓解车流交织问题

8.6.1 乌鲁木齐外环路交通概况

外环路是乌鲁木齐的第一条城市环路，大部分路段为高架桥，如图8-36所示。项目涉及的东外环快速路于2012年建成通车，乌鲁木齐市很大比例的机动车每天都要依靠快速路网出行，因此，连接南北向的东外环具有至关重要的作用。由于东外环与克拉玛依高架相连，从克拉玛依高架进入东外环的车流较大，且与地面辅道上的车流汇聚进入东外环，道路由7车道变为3车道，形成了东外环的一个拥堵区。此外，东外环的早晚高峰车流量较大，导致东外环北向南的红山路出口、东后街出口经常出现车辆排队现象。东外环下匝道紧邻商住区和学校附近的地面道路，与已经非常拥挤的地面交通叠加，引起常发性交通拥挤。

由于受自然地形所限，乌鲁木齐市区三面环山，使得本市建成区呈现南北狭长、东西狭窄的"T"形分布。从图8-37可以明显看出，乌鲁木齐市外环范围内东南方向的路网密度较低,贯穿性的南北通道只有外环高架桥东段,道路网络布局不规则,整体的路网格局差,难以适应快速增长的城市交通需求。

图 8-36　项目研究范围示意图

图 8-37　外环高架桥东段承担较大的南北交通需求

外环高架桥东段连接克拉玛依快速路、红山路、青年路、东风路、人民路等道路，如图 8-38 所示。上述道路是贯通乌鲁木齐市东西向的重要干道，周边用地主要是商住学集中区。研究范围内的道路密度低，特别是南北向，只有东外环路高架桥和地面道路，分流困难。东外环路承担了研究区域内南北方向快速路、主干路及次干路的功能。

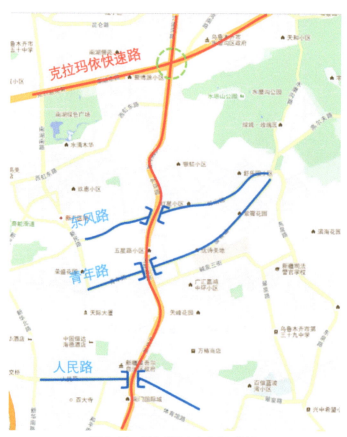

图 8-38 研究范围内中观路网分析

该路段存在的具体问题如下。

1. 问题一：中游红山路下匝道区域瓶颈路段的交织问题

东外环快速路瓶颈路段是红山路下匝道区域，此处有地面道路的 2 个车道、五星北路西二巷 1 个车道汇入，且其中部分车流频繁穿越下匝道车流进入快速路主路。因下匝道有 2 个车道，因此，穿越此车流的交通对其通行能力造成严重影响，形成瓶颈路段。

红山路下匝道落地点处信号控制交叉口消散能力不足，经常出现一个周期放不完车辆的现象，导致该交叉口锁死，以致红山路下匝道排队，高峰期排队影响范围甚至延伸至上游"7 变 3"区域。如图 8-39 所示，红山路—东外环交叉口北进口绿灯信号，但是交通流死锁无法前进。

第8章 匝道交通组织设计实例

图 8-39　红山路—东外环交叉口交通流死锁

2. 问题二：下游东风路复杂交叉口交通混行

晚高峰期间，外环东路东风路下匝道流量过大，且下匝道紧接的东风路交叉口，为三路交叉的畸形路口，无信号控制，仅设减速让行标志，如图8-40所示，地面交通秩序混乱，通行效率低下。匝道"下不来"问题与此密切相关。

图 8-40　东风路复杂交叉口交通混行

8.6.2　优化设计要点及提升效果

8.6.2.1　优化设计要点

针对以上问题，考虑高架右转匝道、地面流入匝道、快速路主路三股车流速度的差异，改善方案拟先让地面匝道汇入快速路主路，然后让高架右转车流汇入主路，以保证地面匝道低速车流可以顺利汇入主路。另外，主要采用"开源截流"的思想综合改善。"开源"即从系统的角度提高红山路交叉口的通行能力，分别增加红山路—外环路交叉口，以及外环路南出口道的通行能力。"截流"主要是针对进入红山路下匝道的车辆进行控制。最后,通过信号控制缓解下匝道排队"下不来"的情况,提高畸形交叉口通行能力,提高排队车流疏散速度。现有的减速让行在路口发挥的作用有限,机动车在非强迫性的约束下,让行意识较弱,形成多方交通流在路口集结,无法顺利通过。通过信号控制明确通行秩序,使紊流趋于有序,从而提高车流饱和值。

具体优化方案如下。

1. 问题一方案

针对问题一相关设计:针对现状的地面辅道和上匝道与红山路下匝道车流量交织问题,考虑到下匝道落地点疏散困难,且下匝道车道数因客观条件限制不能拓宽,通行能力受限情况,改善方案如下。

1)快速路下匝道车道拓展:利用原地面主辅路花砖铺装空间及压缩车道宽度,将快速路主线下匝道车道由3条拓展为4条。4条车道中靠右侧2条作为下匝道交叉口进口道,另外2条仍作为快速路主线车道。为了防止由于高峰时段红山路下匝道交通供给小于交通需求,而出现下匝道车流排队影响到相邻主线车道的情况,将下匝道交叉口进口道设置为2条。

2)主线辅路上最外侧的道路开辟为分时段的公交专用道,公交专用时段,在上面行驶的公交车不受信号控制,但公交车如遇到下匝道右转车辆右转至五星南路时应让行,如图8-41所示。

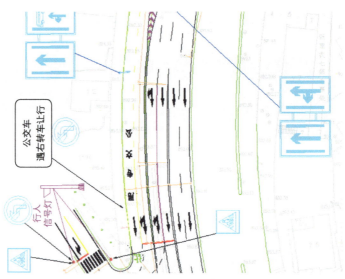

图8-41 公交专用道及交通标志标牌

3)停止线设计:将两股原先严重交织的车流(主线汇入红山路下匝道的车流与主线辅路汇入红山路下匝道的车流)通过信号控制在时间上分隔开,同时设置相应的停止线以及硬质隔离设施。

4）导流线设计：提前将部分需要驶离高架主线至地面的车辆分流，通过导流线引导车辆按照合理的转弯路径行驶，防止其由于转弯路径随意性过大而产生安全隐患，进而引发交通事故。

5）信号灯位置布设：以龙门架的形式布设红山路下匝道交叉口信号灯，在五星南路进口道处设置行人过街横道，同时采用信号灯进行控制。

6）信号控制方案：根据不同的下匝道交通及地面交通流量比例，制定有三种信号控制方案，可根据流量分时段选用。

7）交通指示牌设计：在下匝道交叉口两条进口道的上游车道路段，需提前设置车道功能指示牌；在原地面辅道外侧车道所设置的公交专用道，在上游也要设置相应指示牌，便于社会车辆识别及提前变道，如需限时使用还需标明使用时间段；在位于快速路下匝道进口道停止线上游 180m 处已设置减速提示牌"前方 180m 处交叉口，注意减速"，以提醒驾驶人前方有信号控制交叉口，需注意观察，提前适当减速。同时，考虑到不利条件下的刹车间距，在停止线上游 350~400m 的位置也应设置类似的减速提示牌。

2. 问题二方案

针对问题二进行方案设计：东风路西停车线提前；下匝道停车线往前延伸至交叉口，右转车道延伸至出口道处；北进口取消在西后街的车道，由东风路东左转车直接进入交叉口等待绿灯通过路口。具体渠化设计如图 8-42 所示。

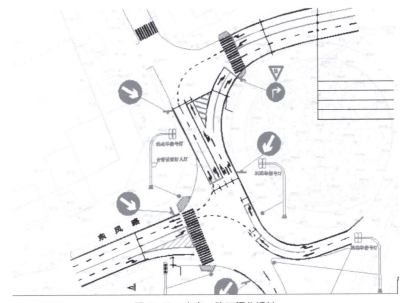

图 8-42 方案一路口渠化设计

路口采用三相位控制，相位一为东进口直行，相位二为西进口左转，相位三为北进口直右，相位图及每个相位对应的配时如图 8-43、图 8-44 所示。

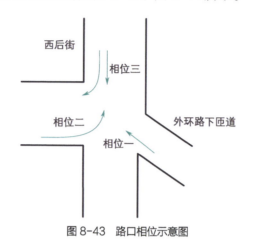

图 8-43　路口相位示意图

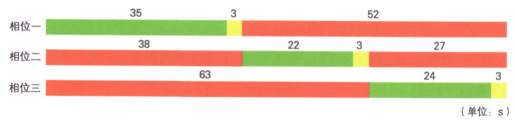

图 8-44　配时方案图

8.6.2.2　提升效果

选取的评价地点为断面 1 和断面 2，位置如图 8-45 所示。

图 8-45　通行能力统计路段和断面

方案实施后断面 1 和断面 2 的通行能力在每个统计周期内都有提升。两个小时内总的通行能力如表 8-4 所示。

表 8-4 方案前后通行能力对比

断面	改善前/（pcu/h）	改善后/（pcu/h）	提升率
断面 1	4940	5875	18.93%
断面 2	5537	6165	11.34%

本案例通过改善方案实施提高了右转匝道的通行能力，减少了右转匝道的排队长度，保证了右转匝道车辆排队不发生溢出的现象影响，保证了另一方向快速路的车流运行，但是同时增加了主线 1 的车辆排队。另一方面，由于瓶颈路段的存在，改善方案对主线下匝道和瓶颈路段的交通流消散有利，缓解主线的交通拥堵，但是对辅路交通流的消散不利，增加了辅路交通流负担。但总的来说，综合效益有提高。建议远期针对瓶颈路段进行改造，缓解该处的交通拥堵。

8.7 数字式分道与灯控交通组织为二环"减压提速"

8.7.1 西安市西二环—昆明路交叉口概况

西二环—昆明路交叉口交通状况较复杂，沿线分布住宅区、学校等人口密集区，东西连接昆明路与丰庆路城市主干路，高峰时期在北进口方向来自西二环、沣惠南路、沣惠南路辅道的三条道路车辆汇入匝道，造成匝道口严重拥堵，致使该路段通行能力严重下降，如图 8-46 所示。

图 8-46 交叉口现状

西二环与昆明路交叉口是西安市交通主干道的重要节点，主要存在以下问题：

1. 交通流量大

昆明路、丰庆路为我市东西主干道，西二环为城市二环线，两条道路日常通行压力极大。

2. 地铁施工影响

地铁8号线施工占用道路资源，道路通行能力受限。

3. 合流冲突严重

交叉口北进口道向北约70m处为西二环、沣惠南路及辅道三股车流合流节点，右转通往昆明路的车流变道对直行车流影响极大；西二环车流为无障碍连续流，高峰时段下桥匝道排队溢出严重影响主路正常通行。

4. 信号灯配时设置不合理

控制模式为固定配时，不能根据路口车流量变化来调整放行时间，高峰期南北方向存在"截流"，导致匝道排队消散较慢，东西方向存在"空放"，时间资源未发挥最佳效益。

5. 交通秩序混乱

交叉口南进口道部分车辆占用南口行人过街斑马线掉头，对过街行人是严重安全隐患。

8.7.2 优化设计要点及提升效果

8.7.2.1 优化设计要点

西二环—昆明路交叉口采用"车道级控制"实现"快慢分离"，具体优化措施如下。

1. 车道编号

将交叉口北进口车道自东向西依次设置为"直+右+直+直+直右"车道，并施划1-5地面指示文字、增设空中分道标志提示驾驶人车道分配情况，如图8-47所示。

2. 快慢分离

北进口停止线至合流处段在西二环匝道与东侧沣惠南路间（即2、3号车道间）增设隔离护栏，如图8-48所示。

3. 精准放行

增设"车道级"信号灯，根据北进口5条车道拥堵情况智能精准放行。智能诊断拥堵原因，实时调节控制参数，自主生成最优策略，解放路口执勤警力，如图8-49所示。

第 8 章 匝道交通组织设计实例

将交叉口北进口车道自东向西依次设置为"直+右+直+直+直右"车道,并施划1-5数字编号。

图 8-47 车道地面文字及空中分道标志

图 8-48 快慢分离隔离护栏

图 8-49 "车道级"信号灯精准放行

4. 诱导通行

施划路口内导向标线精细化诱导 1、3、4、5 号车道直行车辆通行轨迹，如图 8-50、图 8-51 所示。

图 8-50 路口导向标线

图 8-51 北进口道直行车辆行驶路线

5. 远引掉头

柱式隔离南口斑马线，引导车辆直行通过路口后掉头。（此措施正在持续论证中）

6. 交通仿真

利用 Vissim 交通仿真软件多轮次修正优化方案，以仿真结果可以看出优化改造后对比之前的平均排队长度、平均延误、停车次数均有所降低，如图 8-52 所示。

8.7.2.2 提升效果

数字式分道与灯控交通组织模式能更大限度发挥车道功能，通过施划多组标志标线及配套交通隔离措施，协同车道编号与信号灯相互配合，有效解决交叉口因合流造成的道路承载能力严重不足的问题以及缓解进入匝道造成的合流冲突，改善交汇处的通行秩序，提高道路通行效率，大大提升了行驶安全性。本案例的提升效果具体如下。

1）极大缓解了高峰时段沣惠南路及匝道的排队现象，提高了交叉口通行效率；

2）分车道按拥堵状况精准放行，提高了现有基础设施的利用率，缓解了拥堵路段的通行压力，极大地改善了沣惠南路沿线的交通通行状况。

选取方案改造前后 10 天的交通延误数据进行对比分析。从图 8-53 中可以看出，优化方案实施后，西二环—昆明路路口平交通延误时长降低约 31.82%。

图 8-52 优化前后路口仿真运行对比

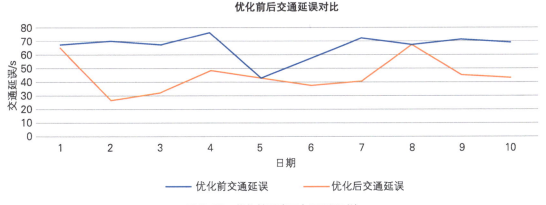

图 8-53 优化前后路口交通延误对比

选取改造前后 10 天的高峰时段西二环主线交通流量进行对比，结果表明，治理后高峰时段西二环主线通过的车辆数有一定程度增加，通行效率提升约 8.99%，如图 8-54 所示。

选取改造前后 10 天的高峰时段整个路口平均排队长度进行对比，结果表明，治理后高峰时段整个路口平均排队长度减小了 23.11m，如图 8-55 所示。

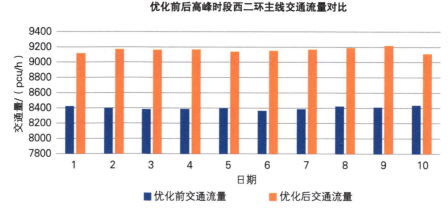

图 8-54　优化前后高峰时段西二环主线交通流量对比

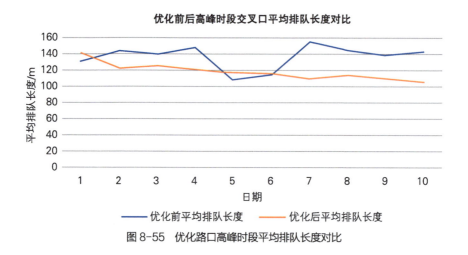

图 8-55　优化路口高峰时段平均排队长度对比

8.8 "全可变车道+二次放行"化解快速路下匝道交织拥堵

8.8.1 杭州市上塘路—大关路交叉口概况

上塘路—大关路路口位于拱墅区大关街道，为主干道平交路口，上塘路为南北走向，大关路为东西走向，均为城市主干道，是城市重要交通节点之一，如图 8-56 所示。路口上游为上塘高架路，南口设有 1 处上、下匝道。周边有水晶城、远洋中心等商业中心，下匝道又是大关区域唯一

图 8-56　路口位置概况图

南向北下口，全天下匝道流量较大，与地面车流交织情况严重，如图8-57所示。

目前，路口存在的主要问题如下。

图8-57 交叉口南口车流量

1. 高架下匝道车辆与地面车辆存在交织，通行效率较低

由于上塘路—大关路交叉口南进口地面车辆可以提前进入右转车道，故上塘路地面车辆从左侧三车道进入直行车道与高架下匝道车辆进入左转车道存在交织，导致出现路口事故多发、通行效率降低、直行排队较长等情况，如图8-58所示。

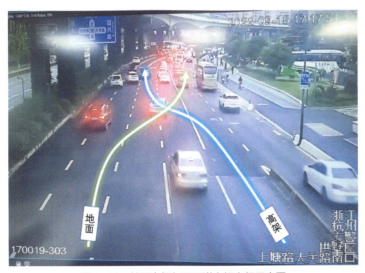

图8-58 地面车辆与下匝道车辆交织示意图

2. 信号放行效率较低

该路口南口为上塘高架南向北下匝道，距离路口停车线260m，现状设置了3个左转车道，南口单方后接南向西左转合计有60s（全放绿灯33s，南向西左转绿灯27s），具体

控制相位如图 8-59 所示。单放相位绿灯结束时，路口左转车流基本放空，下匝道左转车流再次到达路口有"断流"现象，如图 8-60 所示。

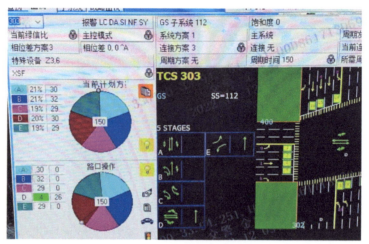

图 8-59　优化前信号控制相位

图 8-60　左转放行效率较低

8.8.2　优化设计要点及提升效果

8.8.2.1　优化设计要点

1. 设置全可变车道

根据该交叉口全天流量变化，发现直行车流量与转向车流量呈现一定的互补性，为有效减少下匝道车辆左转与地面车辆直行、右转的冲突，将上塘路—大关路交叉口南进口设置"全可变车道"。根据 GA/T 527—2016《可变导向车道控制规则》规定，该交叉口满足设置可变导向车道的条件。具体如图 8-61 所示。

第 8 章 匝道交通组织设计实例

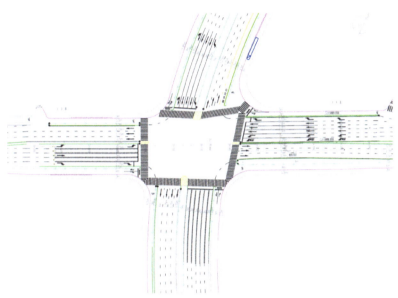

图 8-61 路口全可变车道渠化示意图

可变方式共分为 5 种，具体如图 8-62 所示。

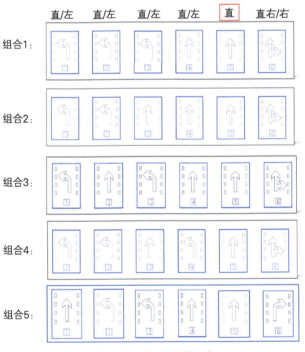

图 8-62 全可变车道形式

2. 左转间隔放行，缓解"断流"现状

将相序调整改为：南口单放—南北直行—南北左转。左转车辆由原来连续通行调整为

间隔放行，即单放相位结束后，放行南北直行相位，间隔时间用于左转车辆再次蓄车，减少绿灯空放，提高路口通行效能。

8.8.2.2 提升效果

上塘路—大关路交叉口改造之后总体运行情况良好，交通运行状况由原先的 F 级变为 E 级，排队长度有所下降，同时信访情况也下降，图 8-63 所示为改造之后交叉口情况。

图 8-63 优化后排队长度情况

该路口位于高架下匝道处，下行需求大，通行压力较大。优化前车流在放行途中有严重断流现象，路口出现严重拥堵，通过设置全可变车道、优化放行相位，化解了上述路口的断流、交织现象，提升了周边交通运行情况，改善了市民出行体验。

8.9 "均衡交通负荷"缓解快速路下匝道交通拥堵

8.9.1 济南市北园大街—历山路交叉口概况

北园大街与历山路交叉口位于济南市天桥区，是北园高架快速路与主干路历山路的交汇点，也是北园高架距离市区最近的下桥口，如图8-64所示。路口连接山东大学第二医院、顺河高架、大明湖景区、二环东高架路等重要单位或道路，承担着城区重要交通转换功能。东口作为北园高架下桥口，交通流量大，早晚高峰呈现常态化交通拥堵，成为周边路网及北园高架快速路交通运行瓶颈。

图8-64 北园大街与历山路交叉口区位图

1. 路口容量不足，供需矛盾突出

路口高峰时段东向西流量达到2786pcu/h，南北向流量达到2469pcu/h，加之北园高架快速路匝道接入点距路口较近，交叉口消散能力不足，高峰拥堵严重，如图8-65所示。

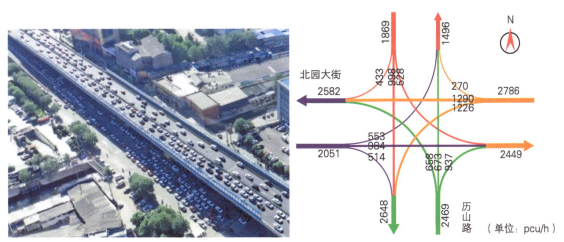

图8-65 北园大街与历山路交叉口流量情况

2. 车道布局不合理，车流干扰严重

高架下桥车流量较大，左转约 800pcu/h、直行约 900pcu/h，连接地面"左转、直行、左转、右转"四条机动车车道。下桥左转车辆将两条左转车道排满后，桥上直行车辆"堵"在高架桥上，下桥右转车辆从直行车道排队向右变道，直行车道出现"真空区"，影响下桥车辆正常通行，造成道路资源浪费，如图 8-66、图 8-67 所示。

图 8-66　东进口实拍图

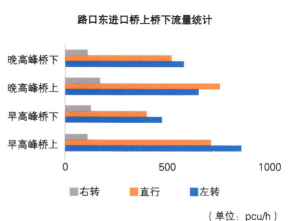

图 8-67　东进口流量统计

3. 转向交通需求大，交通延误较大

北园大街、历山路作为东西向与南北向重要干道，高峰时段各方向流量均已饱和，北园历山路口东、西方向分别与北园立交桥、全福立交桥相连通，南北方向转向交通需求大，高峰期间单车道排队车辆超过 30 辆，如图 8-68~图 8-71 所示。

图 8-68　南进口右转排队长度

图 8-69　西进口排队长度

第8章 匝道交通组织设计实例

图 8-70 东进口右转排队长度

图 8-71 北进口排队长度

8.9.2 优化设计要点及提升效果

8.9.2.1 优化设计要点

1. 灵活禁左，减少车流交织冲突

1）东口采用下桥禁止左转特殊控制，设置禁左提示标志，使车辆绕行七一路、板桥路两个节点分流行驶，充分利用周边节点分担北园历山路口交通压力，如图 8-72、图 8-73 所示。

图 8-72 绕行流线图

图 8-73 禁左提示标志

2）桥上、桥下增设隔离护栏，消除车流交织冲突现象，东口车道功能从内向外调整为：桥下 BRT、左转、直行、隔离护栏、直行、直行、直行、右转，保障车辆安全有序行驶，如图 8-74 所示。

3）西进口优化车道功能，设置"双排左转"车道，车道功能为 BRT、左转、左转、直行、直行、直右、右转，满足地面车辆左转需求，如图 8-75 所示。

图 8-74 东口优化后实拍图

图 8-75 西口优化后车道功能示意图

2. 车道"调流",均衡进口车流分布

1)打开护栏开口将桥下直行车流分流至主线,进一步均衡车道车流分布,缓解交通拥堵,如图 8-76 所示。

2)七一路东口通过车道"瘦身"增加一条掉头车道,东口采用阶梯状停止线,车道功能布置为:BRT、掉头、直行、直行、掉头、直右,设置双排掉头车道,满足东口禁左后绕行需求,如图 8-77、图 8-78 所示。

图 8-76 东口优化后实拍图

图 8-77 七一路东口改造前

图 8-78 七一路东口改造后

3)利用现状中央分隔带开辟一个外侧掉头通道,实现两条掉头车道空间分离,均衡进口掉头车辆分布,保障车辆安全,如图 8-79 所示。

4)对北园七一东口、北园历山西口、北园历山南口、北园航运路东口等进行车道功能优化调整,满足各转向交通流需求,如图 8-80~ 图 8-83 所示。

第8章 匝道交通组织设计实例

图 8-79 掉头车道改造后

图 8-80 北园七一东口改造

图 8-81 北园历山西口改造

图 8-82 北园历山南口改造

图 8-83 北园航运路东口改造

3. 时空融合，深度挖掘道路资源

1）北口增设直行、左转可变车道，根据道路车流情况更改可变车道的行驶方向，通过可变车道诱导屏，在周期内引导车辆通过可变车道通行，使车道资源利用率最大化，满足北口不同时段、不同转向交通需求，缓解北口交通拥堵，如图 8-84、图 8-85 所示。

图8-84 可变导向车道标线设计　　　　　　图8-85 可变导向车道标志牌设计

2）南进口增设左转、直行待行区，充分利用信号控制方式，提高南口通行效率。南口增设待行区二级诱导屏，诱导直行、左转进入待行区待行，在信号周期内最大限度利用路口内部空间资源，如图8-86~图8-89所示。

图8-86 南口待行区二级诱导屏（直行诱导）

图8-87 南口待行区二级诱导屏（左转诱导）

4. 完善引导，明确交通路权

1）借助电警杆件安装"禁左"标志与下桥左转"前方500米掉头"标志，使驾驶人可以准确、及时地获取道路信息，如图8-90、图8-91所示。

第8章 匝道交通组织设计实例

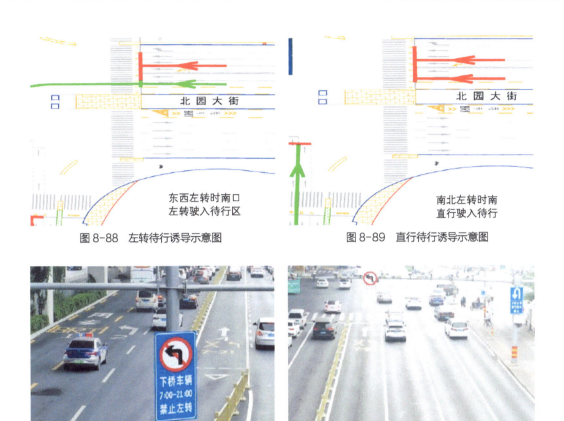

图8-88 左转待行诱导示意图　　　　图8-89 直行待行诱导示意图

图8-90 桥下禁左标志牌实拍图　　　图8-91 地面禁左实拍图

2）在东侧航运路行人过街斑马线处，增设"前方路口 直行车辆 右转车辆"靠右行驶标志，辅道施划"直右"导向箭头，航运路东进口最外侧"右转"车道功能调整为"直右"，诱导直行车辆选择辅道行驶，分流前方路口地面直行压力，如图8-92~图8-94所示。

图8-92 增设右转车辆进辅路标志　　图8-93 增设直行、右转进辅路标志

163

图 8-94　直行分流路线示意图

3）施划"虚实结合"标线，中间车道灵活使用，提高道路资源利用率。增设右转礼让行人待行区，提高右转通行效率，如图 8-95、图 8-96 所示。

图 8-95　东口标线实拍图

图 8-96　东口右转让行标线实拍

8.9.2.2　提升效果

路口改造完成后，通过与往年同期数据进行对比，发现路口实施改造前后效果具有明显的改善，主要体现在以下方面。

1. 市民投诉件明显降低

路口改造后交通违法投诉由往年 24 件下降至 10 件，降低了 58.3%。

2. 路口拥堵指数明显降低

早高峰由 1.97 降低至 1.36，下降了 31%；晚高峰由 2.11 降低至 1.73，下降了 18%；平峰由 1.47 降低至 1.33，下降了 9.5%。

3. 事故率明显降低

交通事故数由 19 起下降至 4 起，同比优化前下降了 78.9%。

4. 通行效率明显提升

路口整体通行能力提升，排队长度大幅缩减，周期内通过车辆数大幅增加。根据数据检测平台与实际跟踪调研分析，路口车辆延误指数由109.58s降低至69.48s，降低了36.6%；车辆排队长度大幅缩减，由201m降低至148m，降低了26.4%；平均停车次数1.3次降低至1次，降低了23.1%，二次排队现象基本消除。

5. 东口交通秩序改善，通行效率提升

根据实际跟踪观察，东进口下桥左转车辆与地面右转车辆交通干扰基本消除；根据流量调研分析，高峰小时内最大通过车辆数大幅增加，由1902pcu/h提升至2241pcu/h，路口通行效率提升了17.8%。

本案例通过下匝道车流禁左，并同步完善周边交通运行条件，提前分流引导，均衡交通压力，提升了整体运行效率，实现了道路资源效益最大化，可为下匝道通行能力不足的路口优化提供参考。

8.10 "定向车道+交替通行"缓解上下匝道交通拥堵

8.10.1 武汉市汉江大道月湖桥段交通概况

武汉市汉江大道是连接开发区、汉阳、硚口、江汉、东西湖的重要南北通道，月湖桥是汉江大道其中跨江段。月湖桥承担了二环线和汉阳地区到硚口地区转换的过江交通，月湖桥南起武汉二环线，上跨汉江水道，北至硚口路辅路，线路全长1126m，主桥全长370m，如图8-97所示。桥面为双向8车道城市快速路，设计速度60km/h。

图8-97 月湖桥区位图

汉江大道改造后，硚口端上下月湖桥通行能力较建设前减少了2/3。在汉口二环线至沿河大道5km范围内仅有两处上下匝道（解放大道、中山大道匝道），过境交通功能加强，但到达交通功能明显削弱。月湖桥汉阳往解放大道方向缺乏向西的匝道，车辆需通过地面转换。

1. **总体流量饱和，关键匝道交织严重**

1）硚口端运行情况：上下匝道饱和。中山大道下桥匝道高峰流量1259pcu/h（饱和度1.05），上桥匝道高峰流量1560pcu/h（饱和度1.3）。解放大道下桥匝道多车道合流，车道减少，交织严重。

2）汉阳端运行情况：主道及匝道饱和度较高，通行能力不足。多数路段或匝道饱和度位于0.8~1.15之间，交通拥堵现象明显；主线车辆受进出车辆干扰现象严重。路段全长1.8km，共有5个上下匝道且各匝道流量大多在1100pcu/h左右，主线受上下匝道车辆影响，通行效率低。

2. **结构性瓶颈严重**

1）车道多变少。中山大道、解放大道、琴台大道、二环线（墨水湖北路）上桥匝道与汉江大道主线合流时，车道变少，形成瓶颈。

2）交织冲突点多。中山大道下桥匝道落地点距离中山大道硚口路环岛仅60m，下匝道与地面车辆交织，形成堵点。

3）疏散道路节点饱和。中山大道硚口路、京汉大道硚口路路口流量均饱和，且间距仅180m，车辆排队溢出。

8.10.2 优化设计要点及提升效果

8.10.2.1 优化设计要点

针对匝道车流汇入主路：一方面压缩主路车道，在合流点前提前减少主路车道数，并在合流点后设置一段实线段禁止车辆变道，保证匝道车辆安全汇入；另一方面对匝道车道分布进行优化，在匝道汇入点采用交替通行模式，规范车辆汇流秩序。

针对上下匝道饱和、出入匝道困难的问题：设置定向车道，减少不同流向车辆的交织，提高规定方向车辆通行效率，保证出入匝道及主线特定方向车辆的通行权。

针对周边节点饱和的问题：禁止交叉口部分流向通行，减少车辆交织，对路口进行信号优化。

具体优化措施如下。

1. 设置定向车道，减少交织，提高效率

设置 5 处定向车道，分别是中山大道上桥匝道、中山大道下桥匝道、解放大道下桥匝道、解放大道崇仁路附近、江城大道（月湖桥至二环线方向）。

中山大道上桥匝道：提前 200m 将主线 4 车道压缩为 3 车道，保障上桥匝道 1 车道，合流点后设置 100m 实线，分隔主线与上匝道车辆，保障匝道车辆快速进入主线，如图 8-98 所示。

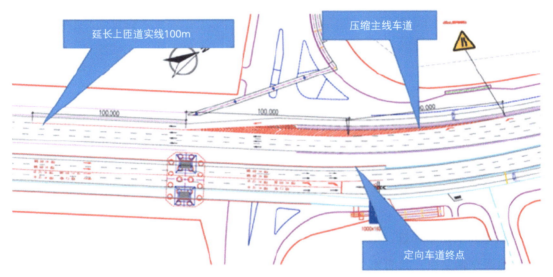

图 8-98 月湖桥北端定向车道

中山大道下桥匝道南向北：设置月湖桥下中山大道定向车道，起点为汉阳硚口，终点为下中山大道分流点处，保障下匝道车辆快速放行，如图 8-99 所示。

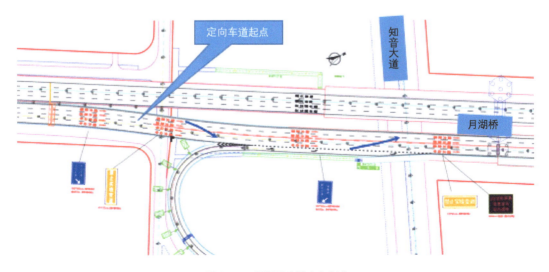

图 8-99 月湖桥南端定向车道

解放大道下桥匝道：设置汉江大道解放大道下桥定向车道，起点距离解放大道匝道前400m左右，终点为下解放大道分流点处，保障下匝道车辆快速放行，如图8-100所示。

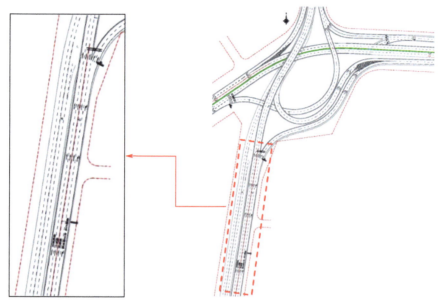

图8-100 解放大道下桥匝道定向车道

解放大道崇仁路附近：设置解放大道高架下桥定向车道，禁止下桥车辆去往崇仁路，减少与地面车辆交织，如图8-101所示。

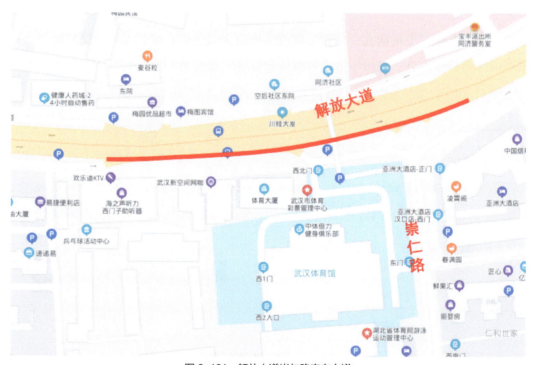

图8-101 解放大道崇仁路定向车道

江城大道：设置江城大道（月湖桥至二环线方向）定向车道，下知音大道匝道至下琴台大道匝道处：中央施划虚实线，保障主线快速通过，如图8-102所示。

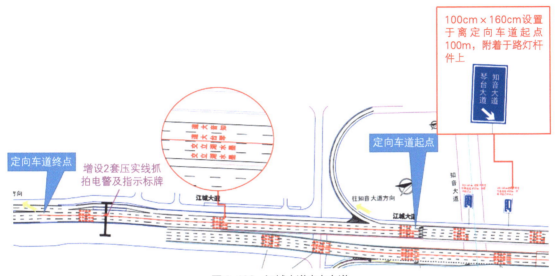

图8-102 江城大道定向车道

2. 优化匝道车道布置，采取交替通行模式

对由月湖桥方向下解放大道匝道、由范湖方向下解放大道匝道采取交替通行，减少匝道瓶颈冲突；调整解放大道下桥匝道与主线车道，保障流量与车道匹配，提高下桥效率，如图8-103所示。

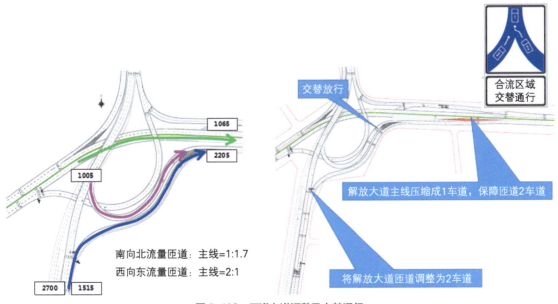

图8-103 匝道车道调整及交替通行

3. 优化衔接路口交通组织

禁止月湖桥下中山大道匝道、沿河大道至中山大道车辆左转，减少部分交通冲突；优化中山大道硚口路信号配时，提高下匝道放行效率，如图8-104所示。

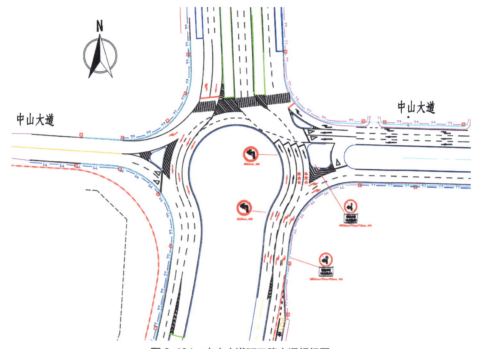

图8-104 中山大道硚口路交通组织图

8.10.2.2 提升效果

对月湖桥及两端上下匝道交通组织进行改造后，月湖桥及周边道路的交通状态都得到一定程度的改善。早晚高峰汉江大道主线通行效率大幅提升，月湖桥、解放大道高架、宝丰路高架及周边中山大道、硚口路、江城大道，拥堵均有不同程度缓解，如表8-5、表8-6所示。

表8-5 月湖桥及周边道路（高架层）优化前后高峰期拥堵延时指数对比

道路	10月27日（周二）	10月20日（周二）	拥堵程度对比
月湖桥—南向北	1.97	2.06	-4.4%
月湖桥—北向南	3.16	3.99	-20.7%
宝丰路高架（硚口路至范湖立交）	1.47	1.58	-6.7%
宝丰路高架（范湖立交至硚口路）	1.14	1.14	0.0%
解放大道高架（汉西路至崇仁路）	1.49	1.79	-16.8%
解放大道高架（宝丰一路至汉西路）	1.51	1.67	-9.3%

表 8-6　月湖桥及周边道路（地面层）优化前后高峰期拥堵延时指数对比

道路	10月27日（周二）	10月20日（周二）	拥堵程度对比
硚口路（中山大道至解放大道）	1.31	1.38	−5.1%
硚口路（解放大道至京汉大道）	1.47	1.64	−10.1%
硚口路（京汉大道至沿河大道）	1.94	2.79	−30.6%
中山大道（胜利街至云锦路）	1.55	1.78	−13.2%
中山大道（云锦路至胜利街）	1.43	1.51	−5.3%
江城大道地面段（二环线至月湖桥）	2.05	2.32	−11.6%
江城大道地面段（月湖桥至二环线）	1.51	1.54	−1.9%

第 9 章

辅路交通组织设计实例

Chapter Nine

9.1 车道功能微调整解决辅路车流交织问题

9.1.1 温州市瓯海大道辅路交通概况

自 2021 年 1 月 1 日起，每日 7 时至 21 时瓯海大道主道（高架）禁止轻型载货汽车、微型载货汽车、轻型专项作业车通行，这导致了瓯海大道辅路直行流量增加。

广化桥快速路六虹桥段下穿隧道、瓯海大道—鸿翔路南口开通后，瓯海区经瓯海大道—鸿翔路左转往鹿城区流量剧增，鸿翔路（广化桥路）成为瓯海区至鹿城区的重要通道，瓯海大道—鸿翔路口成为重要节点，如图 9-1 所示。该路口晚高峰时段西进口方向流量剧增，出现拥堵，车流不断挤压，车辆紧密"无缝"衔接，存在安全隐患的同时，更导致上游瓯海大道—沉木桥路口车流溢出。

图 9-1 瓯海大道—鸿翔路口示意图

1. 主辅路车流交织冲突严重

瓯海大道—鸿翔路口晚高峰西进口直行、左转方向流量较大，辅路左侧车道排队超400m；下高架左转车辆与辅路直行车辆形成平面交叉冲突，车流交织导致秩序混乱，易诱发交通事故，如图9-2所示。

2. 交叉口车道设置不合理且利用率不高

西进口道为1左转兼掉头+1左转+4直行+1右转，右转专用道利用率偏低，右转流量为100pcu/h左右。北进口道为1左转兼掉头+1左转+3直行+1右转，直行流量较小，直行车道利用率偏低，而右转流量早高峰约为1900pcu/h左右。

图9-2 路口存在问题

9.1.2 优化设计要点及提升效果

9.1.2.1 优化设计要点

因该路口受高架限流与新路段开通影响，流量流向比较复杂，工程师对路口辅路车流与下高架车流进行了分离测试，如图9-3、图9-4所示。

通过辅路车流与下高架车流分离，工程师发现路口左转的主要流量来自于高架，直行流量主要来自于辅路。

该路口的优化，首先要通过调整车道功能，解决路口下高架左转车辆与辅路直行车辆交叉冲突问题，保障路口的正常通行秩序，并合理利用现有的道路资源，将流量较小的右转专用车道改为右转兼直行，使车道资源利用率最大化。其次，通过信号配时调优，精细化配时。最后，通过在上游路口诱导右转车辆提前靠右，避免与下高架车流的冲突，解决路口现存问题。

图9-3 路口车流分离测试（一）

图9-4 路口车流分离测试（二）

具体优化方案如下。

1. 配时优化

调整路口绿信比，保障东西向瓯海大道通行优先，压缩鸿翔路绿信比（南北直行流量小，保证行人安全过街时间），再对东西向直行、左转进行合理分配。同时，原南北对放改为南北直行、南北左转分离相位，如表9-1所示。

表 9-1 瓯海大道—鸿翔路口配时、相位调整前后

	路口	周期/s	相位/s							
优化前	瓯海大道—鸿翔路	140	南北对放	绿信比	东西直行	绿信比	东西左转	绿信比		
			47	34%	56	40%	36	26%		
优化后			南北直行	绿信比	南北左转	绿信比	东西直行	绿信比	东西左转	绿信比
			21	15%	32	23%	47	34%	40	29%

2. 交通组织改造

瓯海大道—鸿翔路口西进口原 1 左转兼掉头 +1 左转 +4 直行 +1 右转改为 1 左转兼掉头 +2 直行 +2 左转 +1 直行 +1 直行兼右转车道，非机动车道（6m 宽）作为预留，发挥车道资源配置的最大化。

北进口道方向将 1 左转兼掉头 +1 左转 +3 直行 +1 右转改为 1 左转兼掉头 +1 左转 +2 直行 +1 直行兼右转 +1 右转。

在上游路口瓯海大道—沉木桥路口诱导右转车辆提前靠最右侧辅路行驶，避免与下高架车流冲突。

车道更改前后的渠化图如图 9-5、图 9-6 所示。

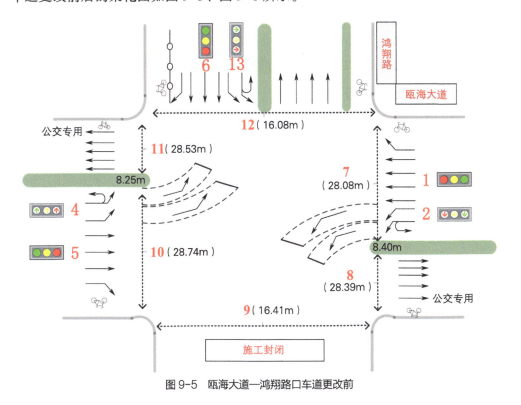

图 9-5 瓯海大道—鸿翔路口车道更改前

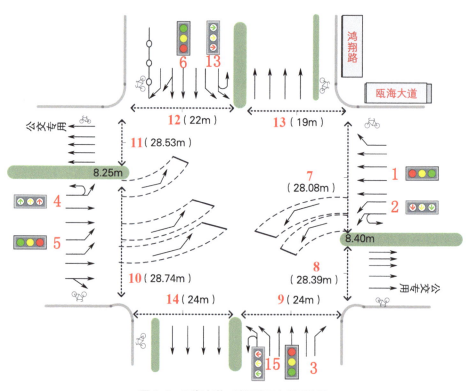

图 9-6 瓯海大道—鸿翔路口车道更改后

9.1.2.2 提升效果

通过本次优化,瓯海大道—鸿翔路口道路秩序有明显改善,下高架左转车辆与辅路直行车辆交叉冲突问题得到解决。路口有序畅通,车辆排队长度由原来 400m 左右缩短至 80m 左右,通行效率有较大提升,如图 9-7、图 9-8 所示。

图 9-7 路口运行情况(优化前)

图 9-8　路口运行情况（优化后）

9.2　环城西路辅路交通组织设计优化

9.2.1　宿迁市环城西路（西湖路—纬十二路段）概况

宿迁经济开发区规划路网布局为典型棋盘型布局，主次路网布局及道路间隔较合理，但支路网待完善。

与环城西路相交道路中快速路 1 条，主干道 7 条，主要交叉点平均间距约为 1220m，其中环城南路以北发展较早，交叉口间距较密集，环城南路以南路段发展相对较晚，与环城西路相交的主次干道密度也相对较疏。

与环城西路相交次干道 11 条，所有交叉点间距相当，平均间距约为 540m。环城西路两侧最近的平行道路分别为东侧主干道世纪大道和西侧次干道富民大道，平均间距分别约为 500m 和 700m。其中，世纪大道为 2012 年重点建设项目，也是城市道路网中主要的交通干道之一，建成后可局部分担环城西路的区域性交通压力，如图 9-9 所示。

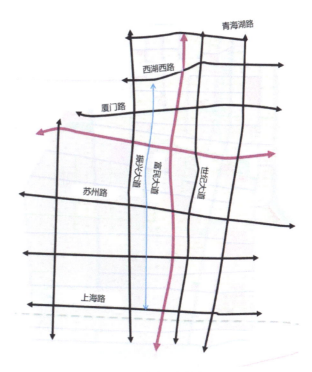

图 9-9　周边路网规划分析图

环城西路（西湖路—纬十二路段）现状为高速公路市内连接线，或者称为高速公路延长线，采用的横断面形式与宁宿徐高速公路相同，即高填土+中央绿化分隔+双向四车道+双侧紧急停车带，如图9-10所示。

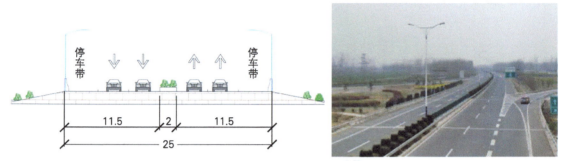

图9-10　环城西路现状道路横断面

宿迁经济开发区用地规划分类明确，布局合理，其中环城西路东侧用地性质以居住和商业为主，环城西路西侧地块以环城南路为分界，北部以居住为主，西南部多为工业用地，如图9-11所示。

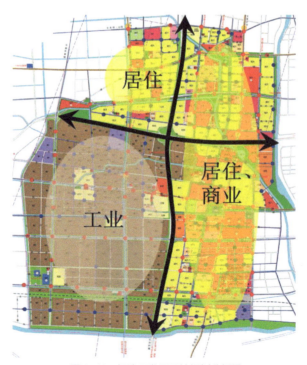

图9-11　经济开发区用地规划分析图

1. 内、外侧辅路对比研究

由于环城西路主线与地块之间预留了50m绿化带，因此辅路位置分为靠近环城西路

（内侧辅路）和靠近地块（外侧辅路）两类。其中环城南路以北路段辅路是基于现状，所以采用内侧辅路形式；环城南路以南路段为新建辅路，所以采用外侧辅路形式，需对两类辅路进行对比分析。

从服务地块功能的角度看，内侧辅路距离地块较远，不利于周边地块开口和进出交通，服务地块功能相对较弱。外侧辅路靠近地块，可根据需要设置出入口，单位车辆可以快速进入辅路及环城西路，服务地块功能较强，如图9-12所示。

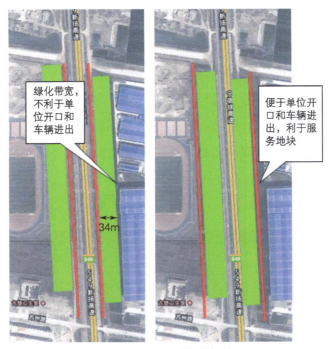

图9-12 服务地块功能对比分析图

从交通安全的角度看，相交道路下穿环城西路，由于净空等要求，需设置一定距离的坡道，内侧辅路位于坡道上，交叉口竖向设计较难处理且交叉口视距受影响，如果辅路大客车、货车较多，存在一定安全隐患。外侧辅路可能位于坡道外或坡道相对较缓路段，交叉口竖向设计现对容易处理交叉口视距较好，安全性高。

从景观的角度，内侧辅路的景观带靠近地块且较宽，若辅路开设单位出入口较多，则造成景观带不连续，景观效果不佳。外侧辅路的景观带位于辅路和环城西路之间，易形成连续的景观，沿线单位出入口不会隔断景观带，景观效果较好。

从对地块环境影响的角度，内侧辅路远离地块，道路与地块之间有较宽的绿化隔离，互相之间干扰小，并且绿化带会对噪声产生一定的隔离。外侧辅路靠近地块，而且地块与道路之间缺乏隔声绿化带，道路交通对沿线地块影响相对较大。

从交叉口交通组织上看，内侧辅路的机动车交通性好，交叉口范围两侧辅路距离近，可作为一个整体交叉口进行设计，采取四相位信号控制，但左转交通距离较长，容易出现冲突。外侧辅路交叉口范围两侧辅路间距大，需设置两个交叉口并进行信号联控，采取三相位信号控制，桥下需设置等待区，掉头交通通过二次左转实现；若单位出入口过多，进出单位交通影响道路交通效率。因此，在辅路车辆不多的情况，外侧辅路形式通行效率相对较高。

2. 单、双行辅路对比研究

根据辅路组织模式不同，可以分为单行辅路和双行辅路。下面分别从交叉口交通组织、快速路衔接、沿线单位进出交通组织、交通安全角度进行分析。

从交叉口交通组织的角度看，单行辅路的交叉口交通组织简单，单个交叉口 9 个冲突点，仅为双行辅路交叉口的 1/3；若辅路靠近环城西路，则两侧辅路交叉口可作为一个整体组织，若辅路靠近地块，则两侧交叉口可协调控制，信号配时简单。双行辅路交叉口交通组织复杂，单个交叉口有冲突点 24 个，且交叉口流向多，信号配时难以处理，如图 9-13 所示。

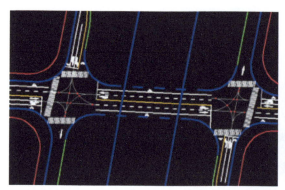 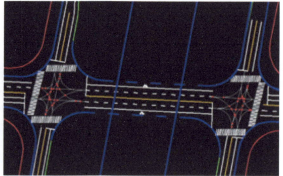

图 9-13 单双行辅路交叉口冲突点对比图

从与快速路衔接的角度看，单行辅路与快速路衔接，上下匝道交通组织顺畅，周边路网交通流可以方便、快速地上下环城西路主线。双行辅路与快速路衔接，相交道路与环城西路交叉难以处理，匝道数量多且匝道与辅路衔接复杂，辅路各流向交通流互相干扰大，安全性较低，如图 9-14 所示。

从沿线单位进出交通组织的角度看，单行辅路增加地块交通绕行距离，平均绕行距离 500m，但沿线交通流线顺畅，通行效率较高。双行辅路进出地块方便，绕行距离小，但沿线交通冲突点较多。采用单行辅路时，为了减少逆行行为，应尽量减少地块在辅路上的开口，若必须开口时，应使地块开口尽量靠近辅路交叉口的进口道，如图 9-15 所示。

图 9-14 双行辅路交通组织示意图

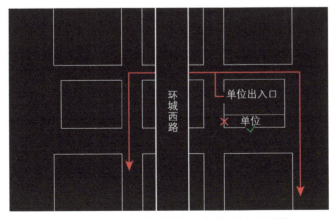

图 9-15 单行辅路建议地块开口与交通组织示意图

从交通安全的角度看,单行辅路路段与交叉口机动车交通流向单一,组织简单,安全快捷。双行辅路交叉口冲突点多且受涵洞的影响,安全隐患较大,路段的掉头及左转进出单位的交通流也有一定的冲突,尤其是匝道连接处,交通组织复杂,交通流冲突严重,存在严重的安全隐患。

9.2.2 优化设计要点及提升效果

9.2.2.1 优化设计要点

1. 交通渠化方案

环城西路为高填土形式，路面比相交道路高，所以沿线道路一般下穿环城西路，并与环城西路辅路平交+信号灯控制。环城西路主路设置上下匝道与辅路相接，周边交通流通过上下匝道出入快速路。但环城南路交叉口略有不同，现状环城南路在交叉口范围内位于环城西路之上，因此环城西路与环城南路的立交形式为环城南路上跨环城西路，环城南路设置匝道与环城西路相连并设信号灯控制。相交道路与环城西路辅路平交，由于交叉口交通组织较复杂，因此建议采用快慢分离，自行车和行人慢行一体化处理。具体方案如图9-16所示。

图 9-16 环城西路辅路节点渠化方案效果图

2. 信号控制方案设计

环城西路辅路与相交道路平交分为两种形式，环城南路以北路段，辅路为内侧单行辅路形式，交叉口范围内东西辅路距离较近，可视为一个整体交叉口进行处理，与常规路口控制模式类似，在此不再赘述。环城南路以南路段，辅路为外侧单行辅路形式，交叉口范围内东西辅路距离较远，若作为一个交叉口处理，通行能力较低，交通延误大。因此，在环城南路以南路段,东西向道路与环城西路辅路平面交叉采用两路口协调控制的形式,采用三相位控制。具体如下所述。

相位一:东西向直行,直行机动车直接通过交叉口,左转机动车进入桥下左转待行区,等待左转绿灯,上一相位左转车辆;直行直接通过交叉口,左转进入待行区等待绿灯,如图9-17所示。

相位二:东西向左转,桥下待行区的直行机动车可同时通行,如图9-18所示。

相位三:南北向通行,直行机动车直接通过交叉口。左转机动车进入桥下待行区,等待东西向绿灯,如图9-19所示。

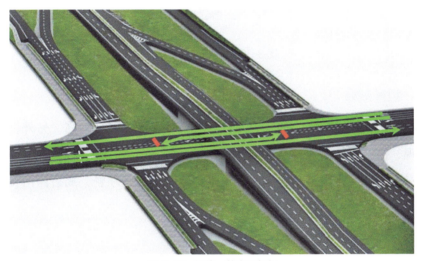

图9-17 相位一的交通组织

图9-18 相位二的交通组织

图 9-19 相位三的交通组织

9.2.2.2 提升效果

通过本次优化，外侧辅路的形式容易处理交叉口视距，安全性高。另外，优化后可形成连续的景观，沿线单位出入口不会隔断景观带，景观效果较好。最重要的是，这种形式通行效率相对较高。通过设置单行辅路，上下匝道交通组织顺畅，周边路网交通流可以方便、快速地上下环城西路主线。

参考文献

［1］ 中华人民共和国公安部.公交专用车道设置：GA/T 507—2004［S］.北京：中国标准出版社，2004.
［2］ 中华人民共和国公安部.黄兴安.公路与城市道路设计手册［M］.北京：中国建筑工业出版社，2005.
［3］ 中华人民共和国公安部.城市道路施工作业交通组织规范：GA/T 900—2010［S］.北京：中国标准出版社，2009.
［4］ 中华人民共和国住房和城乡建设部.城市快速路设计规程：CJJ 129—2009［S］.北京：中国建筑工业出版社，2009.
［5］ 国家标准化管理委员会.道路交通标志板及支撑件：GB/T 23827—2021［S］.北京：中国标准出版社，2009.
［6］ 国家标准化管理委员会.突起路标：GB/T 24725—2009［S］.北京：中国标准出版社，2009.
［7］ 吴瑞麟，沈建武.城市道路设计［M］.北京：人民交通出版社，2011.
［8］ 中华人民共和国住房和城乡建设部.城市道路工程设计规范：CJJ 37—2012［S］.北京：中国建筑工业出版社，2012.
［9］ 国家标准化管理委员会.道路交通反光膜：GB/T 18833—2012［S］.北京：中国标准出版社，2012.
［10］ 中华人民共和国交通运输部.公路工程技术标准：JTG B01—2014［S］.北京：人民交通出版社，2014.
［11］ 中国公路工程咨询集团有限公司.公路立体交叉设计细则［M］.北京：人民交通出版社，2014.
［12］ 中华人民共和国住房和城乡建设部.城市道路交通标志标线设置规范：GB 51038—2015［S］.北京：中国计划出版社，2015.
［13］ 李瑞敏，章立辉.城市交通信号控制［M］.北京：清华大学出版社，2015.
［14］ 姚恩建.城市道路工程［M］.北京：北京交通大学出版社，2015.
［15］ 国家标准化管理委员会.道路交通标志和标线第4部分：作业区：GB 5768.4—2017［S］.北京：中国标准出版社，2017.
［16］ 国家标准化管理委员会.道路交通标志和标线第5部分：限制速度：GB 5768.5—2017［S］.北京：中国标准出版社，2017.
［17］ 中华人民共和国交通运输部.公路交通安全设施设计细则：JTG/TD 81—2017［S］.北京：人民交通出版社，2017.
［18］ 周荣贵，钟连德.公路通行能力手册［M］.北京：人民交通出版社，2017.
［19］ 赵尧尧.连续快速道路规划、设计与管理技术［M］.武汉：华中科技大学出版社，2017.
［20］ 国家标准化管理委员会.城市道路交通组织设计规范：GB/T 36670—2018［S］.北京：中国标准出版社，2018.
［21］ 吴瑞麟，沈建武.城市道路设计［M］.北京：人民交通出版社，2018.
［22］ 张蕊，张亚平.道路勘测设计［M］.北京：中国建筑工业出版社，2018.
［23］ 上海市路政局.城市道路指路标志设置标准［M］.上海：同济大学出版社，2018.
［24］ 郁佳靓.道路交通组织［M］.北京：中国人民公安大学出版社，2019.
［25］ 周晨静，王淑伟.城市道路通行能力分析手册［M］.北京：中国建筑工业出版社，2019.
［26］ 吴兵，李晔.交通管理与控制［M］.北京：人民交通出版社，2020.
［27］ 孙剑.城市快速路交通流理论与运行管理［M］.北京：科学出版社，2020.
［28］ 公安部交通管理科学研究所.城市道路交通组织精细化典型案例汇编［M］.北京：机械工业出版社，

2020.

［29］中华人民共和国住房和城乡建设部．城市道路交通工程项目规范：GB 55011—2021［S］．北京：中国建筑工业出版社，2021.

［30］杨晓光，白玉．交通设计［M］．北京：人民交通出版社，2021.

［31］国家标准化管理委员会．道路交通标志和标线第 2 部分：道路交通标志：GB 5768.2—2022［S］．北京：中国标准出版社，2022.

［32］国家标准化管理委员会．道路交通标志和标线第 3 部分：道路交通标线：GB 5768.3—2022［S］．北京：中国标准出版社，2022.

［33］项乔君．道路交通设计［M］．北京：人民交通出版社，2022.

［34］袁胜强．城市快速路规划设计理论与实践［M］．上海：同济大学出版社，2022.

［35］WATTLEWORTH J A, BERRY D S. Peak period control of a freeway system: some theoretical investigations［J］. Highway Research Record, 1965(89): 1-25.

［36］WANG J J, MAY A D. Computer Model for Optimal Freeway On-amp Control［J］. Highway Research Record, 1973(469): 16-25.

［37］PAPAGEORGIOU M. A new approach to time-of-day control based on a dynamic freeway traffic model［J］. Transportation Research Part B: Methodological, 1980, 14(4): 349-360.

［38］LESLIE N J, KIM C H, OMAR M. Real-time metering algorithm for centralized control［J］. Transportation Research Record, 1989(1232): 17-26.

［39］PAPAGEORGIOU M, BLOSSEVILLE J M, HAJ-SALEM H. Modelling and real-time control of traffic flow on the southern part of boulevard périphérique in paris: part Ⅱ: Coordinated On-ramp metering［J］. Transportation Research Part A: General, 1990, 24(5): 361-370.

［40］PAPAGEORGIOU M, HADJ-SALEM H, BLOSSEVILLE J M. ALINEA: A local feedback control law for on-ramp Metering［J］. Transportation Research Record, 1991(1320): 58-64.

［41］BANKS J H. effect of response limitations on traffic-responsive ramp metering［J］. Transportation Research Record, 1993(1394): 17-25.

［42］LIU J C, KIM J, CHEN Y. An Advanced real time metering system: the system concept［R］. Texas: Department of Transportation, 1993.

［43］STEPHANEDES Y J, CHANG K K. Optimal control of freeway corridors［J］. Journal of Transportation Engineering, 1993, 119(4): 504-514.

［44］PAPAGEORGIOU M. An integrated control approach for traffic corridors［J］. Transportation Research Part C: Emerging Technologies, 1995, 3(1): 19-30.

［45］YOSHINO T, SASAKI T, HASEGAWA T. The traffic-control system on the hanshin expressway［J］. Interfaces, 1995, 25(1): 94-108.

［46］WU J, CHANG G L. An integrated optimal control and algorithm for Commuting Corridors［J］. International transactions in operational research, 1999, 6(1): 39-55.

［47］ZHANG H M, RECKER W W. On optimal freeway ramp control policies for congested traffic corridors［J］. Transportation Research Part B: Methodological, 1999, 33(6): 417-436.

［48］FITZPATRICK K. Evaluation of design consistency methods for two-lane rural Highways: Executive Summary［R］. United States: Federal Highway Administration, 2000.

［49］ZHANG M, KIM T, NIE X J, et al. Evaluation of on-ramp control algorithms［R］. California: Institute of Transportation Studies University of California, Berkeley, 2001.

［50］KOTSIALOS A, PAPAGEORGIOU M, MANGEAS M, et al. Coordinated and integrated control of motorway networks via non-linear optimal control［J］. Transportation Research Part C: Emerging

Technologies, 2002, 10(1): 65-84.
[51] RECARTE M A, NUNES L. Mental load and loss of control over speed in Real Driving.: Towards a Theory of Attentional Speed Control [J]. Transportation Research Part F: Psychology & Behaviour, 2002, 5(2):111-122.
[52] TIAN Z Z, BALKE K, ENGELBRECHT R, et al. Integrated control strategies for surface street and freeway systems [J]. Transportation Research Record, 2002, 1811(1): 92-99.
[53] SMARAGDIS E, PAPAGEORGIOU M. Series of new local ramp metering Strategies: emmanouil smaragdis and markos papageorgiou [J]. Transportation Research Record, 2003, 1856(1): 74-86.
[54] ALLABY P, HELLINGA B, BULLOCK M. Variable speed limits: safety and operational impacts of a Candidate control strategy for freeway applications [J]. IEEE Transactions on Intelligent Transportation Systems, 2007, 8(4): 671-680.
[55] MONSERE C M, BERTINI R L, ESHEL O, et al. Using archived ITS Data to measure the operational benefits of a system-wide adaptive ramp metering System [R]. Portland: Department of Civil and Environmental Engineering, Portland State University, 2008.
[56] FUHS C, BRINCKERHOFF P. Synthesis of active traffic management experiences in europe and the united states [R]. United States: Federal Highway Administration, 2010.
[57] JENIOR P, DOWLING R G, NEVERS B L, et al. Use of freeway shoulders for travel—guide for planning, evaluating, and designing part-time Shoulder Use as a Traffic Management Strategy [R]. United States: Federal Highway Administration, 2016.
[58] KRISTELEIT T P. Ramp metering algorithms and implementations: A worldwide Overview [M]. Neubiberg: Institut für Verkehrswesen und Raumplanung, Universität der Bundeswehr München, 2016.
[59] TANG J, ZOU Y, ASH J, et al. travel time estimation using freeway point detector data based on evolving fuzzy neural inference system [J]. PLOS ONE, 2016, 11(2): e0147263.
[60] BRYAN K, HEATHER R, et al. Synthesis of variable speed limit signs [R]. United States: Federal Highway Administration, 2017.
[61] KATZ B, MA J, RIGDON H, et al. Synthesis of variable speed limit signs [R]. United States: Federal Highway Administration, 2017.
[62] KUHN B, BALKE K, WOOD N, et al. Active traffic management (ATM) implementation and operations guide [R]. United States: Federal Highway Administration, 2017.
[63] MIL S, PIANTANAKULCHAI M. Modified bayesian data fusion model for travel time estimation considering spurious data and traffic conditions [J]. Applied Soft Computing, 2018, 72: 65-78.
[64] AKHTAR M, MORIDPOUR S. A review of traffic congestion prediction using artificial intelligence [J]. Journal of Advanced Transportation, 2021: 8878011.